中国社会科学院国有经济研究智库 2020—2021 重点课题

"国有企业在构建新发展格局中的作用研究"资助成果

"国有企业与构建新发展格局"研究丛书

主编◎黄群慧　刘国跃

理解新发展格局

Understand the New Development Pattern

黄群慧　郭冠清　汤铎铎　倪红福　等著

中国社会科学出版社

图书在版编目（CIP）数据

理解新发展格局 / 黄群慧等著 . —北京：中国社会科学出版社，2022.8
（"国有企业与构建新发展格局"研究丛书）
ISBN 978 – 7 – 5227 – 0079 – 3

Ⅰ.①理…　Ⅱ.①黄…　Ⅲ.①经济发展—研究　Ⅳ.①F061.3

中国版本图书馆 CIP 数据核字（2022）第 062123 号

出 版 人	赵剑英
责任编辑	王　曦
责任校对	杨　林
责任印制	戴　宽

出　　版	中国社会科学出版社
社　　址	北京鼓楼西大街甲 158 号
邮　　编	100720
网　　址	http://www.csspw.cn
发 行 部	010 – 84083685
门 市 部	010 – 84029450
经　　销	新华书店及其他书店

印刷装订	北京君升印刷有限公司
版　　次	2022 年 8 月第 1 版
印　　次	2022 年 8 月第 1 次印刷

开　　本	710×1000　1/16
印　　张	13.75
插　　页	2
字　　数	156 千字
定　　价	79.00 元

凡购买中国社会科学出版社图书，如有质量问题请与本社营销中心联系调换
电话：010 – 84083683

代　序

新发展阶段的国有企业新使命

全面建成小康社会、实现第一个百年奋斗目标之后，我国乘势而上开启了全面建设社会主义现代化国家新征程、向第二个百年奋斗目标进军，这标志着我国进入了一个新发展阶段。进入新发展阶段，需要完整准确全面贯彻新发展理念，加快构建新发展格局。进入新发展阶段、贯彻新发展理念、构建新发展格局，是由我国经济社会发展的理论逻辑、历史逻辑、现实逻辑决定的。进入新发展阶段明确了我国发展的历史方位，贯彻新发展理念明确了我国现代化建设的指导原则，构建新发展格局明确了我国经济现代化的路径选择。

在中华民族从站起来、富起来到强起来的伟大复兴历程中，国有企业作为壮大国家综合实力、推进国家现代化建设和保障人民共同利益的重要力量，在党执政兴国和中国社会主义国家政权的经济基础中起到了支柱作用，为我国经济社会发展、科技进步、国防建设、民生改善做出了历史性贡献，功勋卓著，功不可没。现在，我国进入了从站起来、富起来到强起来历史性跨越的新发展阶段，面对在新发展理念指导下加快构建新发展格局的这个重大现代化战略和路径，国有企业需要明确自己在新发展阶段如何服务构建新发展格局这个新的历史使命。

新中国成立以后，计划经济体制下国有企业承担了社会主义经济建设的绝大部分任务，为中国人民"站起来"做出了巨大贡献，但受体制机制约束，企业活力没有得到有效发挥，这也制约了中国经济整体实力提升；改革开放以来，国有企业通过深化改革逐步成为市场经济主体，一方面为建设社会主义经济体制、探索社会主义与市场经济体制的有机结合发展做出了贡献，另一方面也促进了中国人民"富起来"、中国经济实力的巨大提升和为社会主义发展奠定了雄厚的物质基础。在新发展阶段，社会主义市场经济体制日益成熟，国有企业日益适应市场经济体制，国有企业改革发展已经取得了巨大成就，国有企业具备了为构建新发展格局做出巨大贡献的更为充分的条件。

回顾国有企业改革发展的历史，从传统计划经济体制下向社会主义市场经济体制下转型过程中，国有企业改革历程可以划分为1978年到1992年的"放权让利"时期，1993年到2002年的"制度创新"时期，2003年到2012年的"国资监管"时期，以及2013年到2020年新时代的"分类改革"时期，这四个时期分别对应了不同形势下的改革任务，各自侧重于解决不同层面的困扰改革的主要矛盾和问题，但其主线应该是解决计划经济体制下的国有企业如何适应社会主义市场经济体制要求——国有企业从计划经济体制下的附属逐步改革为社会主义市场经济体制下的市场主体。在社会主义条件下发展市场经济，将社会主义与市场经济体制结合是中国共产党的伟大创造。而不断深化国有企业改革，是建设和完善社会主义市场经济体制的关键。这也就是为什么国有企业改革一直是中国经济体制改革的中心环节的重要原因。回顾改革开放以来国有企业改革发展的历史过程，我们可以认为其改革发展的主导逻辑是如何使国有企业适应市场化的要求，使国有企业成为市场经济体制下的充满活力的市场主体。

应该说，经过改革开放 40 多年，尤其是新时代以来全面深化改革和 2019 年开始实施"国有企业改革三年行动方案"，无论是社会主义市场经济体制，还是中国特色现代企业制度和国资监管体制，都在更加成熟和更加定型上取得了明显成效，国有企业与市场经济体制正逐步实现有机融合，基本奠定了社会主义基本经济制度的微观制度基础。从这个意义上，改革开放以来国有企业基于市场化导向的改革发展逻辑已经取得了重大成就。进入新发展阶段，面对加快构建新发展格局的重大使命要求，我们需要思考在继续推进市场化改革、进一步完善体制机制基础上，国有企业改革发展新逻辑。按照党的十九届四中全会精神要求，我国还必须持续推进治理体系和治理能力现代化，到 2035 年基本实现国家治理体系和治理能力现代化，2050年全面实现国家治理体系和治理能力现代化。这对应到国有企业改革上，要求到 2035 年中国特色现代企业制度和中国特色现代国资监管体制更加完善，2050 年中国特色现代企业制度和中国特色现代国资监管体制更加巩固、优越性充分展现。这需要在评估"国有企业改革三年行动方案"基础上，继续深化改革，按照 2035 年和 2050 年的阶段性目标进一步完善中国特色现代企业制度和现代国资监管体制。

在新发展阶段，不仅需要继续深化改革，更需要明确国有企业改革发展的重大使命，我国国有企业需要建立基于使命导向的改革发展逻辑。使命是企业组织存在的理由，使命决定战略，企业组织基于战略进行有效运作，在市场中计划运筹、组织协调各种资源，最终实现自己的使命，这是企业组织运行的基本逻辑。在市场经济条件下，如果仅仅把企业作为一个具有"经济人"特性、追求经济利益最大化的组织，企业就很难做大做强做久。卓越的企业从来不是仅仅把盈利作为自己组织的使命或者目标，盈利只是企业发展的手段，企业必须有为社会进步做出自己贡献的崇高使命。对于中国国有企业而言，更是应该把实现中华民族伟大复兴作为自己组织的根本使命，这是国家出资设立国有企业的最基本要求，也是国有企业存在的理由。在新发展阶段，国家的重大战略是贯彻新发展理念、加快构建新发展格局。因此，国有企业为加快构建新发展格局而贡献力量，成为新发展阶段国有企业的重大使命。在新发展阶段，基于使命导向的国有企业改革发展逻辑，本质上要求国有企业在构建新发展格局中寻求自己的具体定位和发展使命。

第一，国有企业要以促进国家高水平的科技自立自强为使命。构建新发展格局最本质的特征是实现高水平的自立自强，而自立自强的关键在于科技的自主创新。在新发展阶段，创新在我国现代化建设全局中处于核心地位，国有企业聚集了国家最重要的科技创新资源，代表了国家最重要的战略科技力量，必须以促进国家高水平科技自立自强为使命，国有企业尤其是中央企业要将原创技术的策源地作为企业的根本定位。

第二，国有企业要以提升产业链供应链治理能力为使命。从供给侧看，产业基础能力薄弱和产业链供应链现代化水平低是制约我国经济高质量发展的突出短板，提高我国产业基础能力和产业链供应链水平是构建新发展格局的关键着力点。从国际经济循环角度看，中国企业在全球价值链中分工地位还处于中低环节，对全球价值链治理还缺少话语权；从国内经济循环角度看，总体上国有企业尤其是中央企业在产业链供应链中处于中上游地位，对产业链供应链具有一定的控制能力，但这种能力主要是基于资源导向的，还主要不是基于创新导向的。在未来构建新发展格局中，国有企业要成为真正意义上基于创新能力的产业链供应链的"链主"。

第三，国有企业应以促进共同富裕为使命。共同富裕是社会主义的本质要求，是中国式现代化的根本特征。在新发展阶段，国有企业应更加积极地履行社会责任，应积极思考如何更好地完善收入分配体系，健全国有企业内部激励分配机制，合理参与社会收入再分配体系，在正确处理国家、企业和个人之间的分配关系上形成国企样板，为实现共同富裕贡献积极力量，相关国资国企监管机制应充分适应这方面的要求。

第四，国有企业发展应在促进高水平开放中以打造世界一流企业为使命。构建新发展格局，需要形成以国内大循环为主体、国内国际双循环相互促进的新局，这要求实行高水平对外开放，既要持续深化商品、服务、资金、人才等要素流动型开放，又要稳步拓展规则、规制、管理、标准等制度型开放，既要加强国内大循环在双循环中的主导作用，又要重视以国际循环提升国内大循环的效率和水平，塑造我国参与国际合作和竞争新优势。这个高水平对外开放过程又恰是我国国有企业打造世界一流企业所要求的，世界一流企业需要在国际竞争中逐步成长起来。在新发展阶段，国有企业要更好地参与新形势下的国际经贸合作，积极应对区域贸易协定、贸易合作组织对于国有企业的质疑和挑战，在共建"一带一路"、参与CPTPP协定、完成"碳中和"目标等问题上发挥国有企业的应有作用，在国内国际双循环中打造世界一流企业。

第五，国有企业发展应以促进实体经济创新发展为使命。近些年中国经济总体上呈现"脱实向虚"的趋势，一定程度上出现了过快和过早"去工业化"问题，这十分不利于我国经济高质量发展，不利于我国经济安全。一定要坚持把发展经济的着力点放在实体经济上，"十四五"时期要保持制造业比重基本稳定，巩固壮大实体经济根基，是我国构建新发展格局、经济高质量发展的基本政策导向和要求。中央企业是我国实体经济的顶梁柱和制造强国建设的主力军，必须在推进实体经济创新发展上大有作为。

立足新发展阶段，从国有企业的使命与定位来看，国有企业必须以中华民族的伟大复兴为己任，服务于中华民族伟大复兴的战略全局，在社会主义现代化新征程中为构建新发展格局发挥关键作用，成为现代化经济体系的重要市场主体，积极推动和适应经济的高质量发展，围绕"强起来"的使命要求，国有企业应坚持贯彻新发展理念、走高质量发展之路，在高水平自立自强、提升产业链现代化水平、推进共同富裕、畅通经济循环等重大战略中发挥引领和支撑作用。

　　基于上述认识，中国社会科学院国有经济研究智库 2021 年立项课题"国有企业在构建新发展格局中的作用研究"，由中国社会科学院经济研究所和国家能源集团合作主持，经过一年的研究，取得了丰硕的成果，本丛书就是这些成果的一个集中体现。因为国有企业在构建新发展格局中的作用是一个全新的重大问题，还需要持续深入研究，本丛书也只是一项初步探索，期望能够抛砖引玉，请大家批评指正。

黄群慧

中国社会科学院经济研究所所长

中国社会科学院国有经济研究智库主任

目　录

从全局高度准确把握构建新发展格局

加快构建以国内大循环为主体、国内国际双循环相互促进的新发展格局，是以习近平同志为核心的党中央统筹把握中华民族伟大复兴战略全局和世界百年未有之大变局，审时度势作出的、立足当前、着眼长远的重大现代化战略部署，是事关全局的系统性、深层次变革，对于我国实现高质量发展，对于促进世界经济繁荣，都具有重大意义。2020年4月，习近平总书记在中央财经委员会第七次会议上首次提出构建新发展格局；2021年1月在省部级主要领导干部学习贯彻党的十九届五中全会精神专题研讨班上，习近平总书记进一步对加快构建新发展格局做出系统论述，2021年7月，习近平总书记主持召开中央全面深化改革委员会第二十次会议，审议通过了《关于加快构建新发展格局的指导意见》。习近平总书记关于加快构建新发展格局的系列重要论述立意高远、博大精深、体系完整、逻辑严谨，是习近平经济思想的重要内容，是中国特色社会主义政治经济学的重大理论成果，要从全局高度准确把握和深入贯彻。

一　构建新发展格局的根本依据、理论逻辑与重大意义

正确认识中国特色社会主义事业的历史方法和发展阶段，是我们党明确阶段性中心任务和制定路线方针的根本依据。在全面建成小康社会、开启全面建设社会主义现代化国家新征程后，中国进入一个新发展阶段。把握新发展阶段是贯彻新发展理念、构建新发展格局的现实依据。进入新发展阶段，中国经济实力、科技实力、综合国力和人民生活水平都跃上了新的台阶，人均国内生产总值超过了 1 万美元，成为经济总量第二、制造业总量第一的超大规模的经济体，无论是供给能力还是需求潜力都具备了国内大循环为主体、支撑并带动国际循环的条件和基础。与此同时，随着需求结构和生产函数的重大变化，"卡脖子"技术供给、市场体制机制不完善等造成的供需脱节、循环不畅等问题也日益突出，原来建立在劳动力等要素低成本优势基础上的出口导向工业化战略、市场资源"两头在外"参与国际大循环发展模式已经越来越不适应新发展阶段了。再加之在百年未有之大变局下国际环境日趋错综复杂和不确定性增强，2008 年国际金融危机、新一轮科技革命和产业变革、中美贸易摩擦、新冠肺炎疫情、俄乌冲突等一系列重大变局因素

影响广泛深远，经济逆全球化趋势更加明显，全球贸易格局、产业链供应链布局面临着巨大冲击，这要求进一步畅通国内大循环、提升经济发展的自主性和可持续性，新发展阶段需要一个更加强大和有韧性的国民经济循环体系。因此，加快构建新发展格局正是我国适应新发展阶段各方面重大变化的主动选择。

构建新发展格局是新发展阶段的经济现代化战略路径选择，这是由经济现代化理论逻辑决定的。从现代化理论看，中国作为一个现代化的后发国家，要实现赶超成为一个现代化国家，必须根据自身社会、经济、自然和历史文化条件，充分利用自身的比较优势，探索适合自身国情的经济现代化路径和战略。新发展阶段是我们党带领人民迎来从站起来、富起来到强起来历史性跨越的现代化新阶段，这个阶段中国已经基本实现工业化，开始从工业化后期向后工业化阶段过渡，是最终实现现代化的"冲刺"阶段，是日益接近质的飞跃的量的积累和发展变化的过程。在这个新的发展阶段，改革开放以来基于劳动力等要素低成本的比较优势的现代化赶超战略已经不适应现代化进程需要，关键核心技术受限、内需亟待开拓等弊端日益明显，极大制约国内国际经济循环，需要寻求基于新的比较优势的、打破关键核心技术依附的新的经济现代化路径。新发展阶段，中国经济具有超大规模经济体的比较优势，需要利用好大国经济纵深广阔的比较优势，使规模经济和集聚经济充分发挥，尤其是发挥好市场这个全球最稀缺的资源优势，通过扩大内需和内外双循环相互促进不断提高自主创新能力，实现高水平自立自强，将比较优势转为竞争优势，从而实现从成本驱动的数量增长模式向创新驱动的高质量发展模式的转变，加快形成国内大循环为主体、国内国际双循环相互促进的新发展格局。

加快构建新发展格局，具有重大的现实意义和深远的历史意义。面对全球经济政治出现的巨大变化和我国现代化进程出现的阶段性新特征，统筹百年未有之大变局和中华民族伟大复兴战略全局，以习近平同志为核心的党中央做出了加快构建新发展格局的重大战略部署。这是一项事关我国发展全局的重大战略任务，既是供给侧结构性改革的递进深化，也是我国经济发展战略的整合提升，是把握未来发展主动权的战略性布局和先手棋，是新发展阶段要着力推进的重大历史任务。对于中国这样一个人口众多和超大规模市场的社会主义国家而言，新发展阶段是我国现代化进程的关键冲刺阶段，面临着前所未有的挑战和风险，我们必须通过加快构建新发展格局，确保国内大循环畅通无阻、实现高水平自立自强，形成强大的国内经济循环体系和稳固的基本盘，以及对全球要素资源的强大吸引力，同时以国际循环持续提高国内大循环效率和水平，从而实现我国经济的更高质量、更有效率、更加公平、更可持续、更为安全的发展，确保中华民族伟大复兴进程不被迟滞和中断。因此，加快构建新发展格局对推进我国经济高质量发展、实现中华民族伟大复兴的中国梦，意义重大而深远。

二 构建新发展格局的科学内涵、 关键所在与本质特征

国内大循环为主体、国内国际双循环相互促进，是新发展格局的基本内涵，要科学把握新发展格局的基本内涵，需要注意以下几方面问题。一是要强化全面性认识。一方面，以国内大循环为主体，绝不是关起门来封闭运行，而是通过发挥内需潜力，使国内市场和国际市场更好联通，不能片面强调"以国内大循环为主"，主张在对外开放上进行大幅度收缩；另一方面，我国已经超越了需要主要依靠外资外贸拉动经济增长的阶段，构建新发展格局需要从成本驱动、出口导向、高速度工业化转向创新驱动、内需导向、高质量工业化，不能固守"两头在外、大进大出"的旧思路。二是要强化全局性认识。必须充分认识到构建新发展格局是新发展阶段的经济发展战略和路径重大战略调整、是国家长治久安的重大战略部署，是包括生产、流通、分配、消费等多个环节的全国统一的大循环、大市场，不能只考虑建设本地区、本部门、本区域的小市场和小循环，搞低层次物流循环。三是要强化协同性认识。构建新发展格局要求将强化需求侧管理与深化供给侧结构性改革有效协同起来，不能认为构建新发展格局主要是扩大内需、形成国内大市场，而忽略对供给侧结构性改革的深化；或者是认为构建新发展格局只是供给侧结构性改革的进一步深化，而忽略了加强

需求侧管理，对扩大内需的长期性认识不足。四是强化系统性认识。不能将新发展阶段、新发展理念和新发展格局割裂考虑，要充分认识进入新发展阶段、贯彻新发展理念、构建新发展格局，是由我国经济社会发展的理论逻辑、历史逻辑、现实逻辑决定的。把握新发展阶段是贯彻新发展理念、构建新发展格局的现实依据，贯彻新发展理念为把握新发展阶段、构建新发展格局提供了行动指南，构建新发展格局则是应对新发展阶段机遇和挑战、贯彻新发展理念的战略选择。这就要求我们必须将新发展阶段、新发展理念和新发展格局"三新"有机地、系统地放在一起理解其深刻内涵。

构建新发展格局的关键在于经济循环的畅通无阻。经济活动本质是一个基于分工和价值增值的信息、资金和商品（含服务）在居民、企业和政府等不同的主体之间流动循环的过程，这个过程可以分为生产、分配、流通、消费等各个经济循环环节。一个正常的经济合理增长的经济循环，需要生产要素和产品能够在各个环节以及各个环节内部循环流转畅通。构建新发展格局，要求以国内大循环为主体，这是新发展格局的核心要义，而内需主导、内部可循环又是国内大循环的关键所在，因此，构建新发展格局必须坚持扩大内需这个战略基点。当前，国内经济循环不畅、制约扩大内需的直接原因，主要是我国内需体系还不完整，还需进一步完善，畅通国内经济循环就要加快构建完整的内需体系，进一步释放内需潜力。而完善内需体系、加快构建完整的内需体系，具体需要从构建现代化市场体系、现代化产业体系、收入分配体系和新型消费体系几个方面改革入手。尤其是国内供给和需求之间不通畅的关键矛盾在于供给方不能充分适应需求的转型升级，造成供求之间无法正常适配形成经济循环，这需要深化供给侧结构性改革，抓住供给侧结构性改革这条主线。当然，国内大循环畅通也需要国际大循环促进循环效率和水平的提升。

构建新发展格局最本质的特征是实现高水平的自立自强。新发展格局所要求的以国内大循环为主体，并不仅仅意味着在经济增长的数量上国内循环量占比为主，这不是新发展格局的本质要求。测度分析表明，实际上从 GDP 数量上看，中国的经济循环量早已经是以国内大循环为主体，国内经济循环的主体地位基本确立。习近平总书记指出："构建新发展格局最本质的特征是实现高水平的自立自强，必须更强调自主创新"①，这意味着构建新发展格局是以国内高水平自主创新为主驱动经济循环畅通无阻的发展格局。进入新发展阶段，我国经济国情发生了巨大变化，基于劳动力低成本的比较优势正在逐步减弱，旧的生产函数组合方式已经难以持续，亟须通过破坏式创新实现新的生产函数组合。经济全球化也正遭遇强势逆流，低成本出口导向工业化战略难以为继，关键的核心技术受制于人，经济安全风险加大，我国经济循环中出现了许多新的堵点和瓶颈，科技创新能力薄弱已经成为中国经济高质量发展的"阿喀琉斯之踵"。无论是从促进经济循环畅通无阻看，还是从

① 习近平：《论把握新发展阶段、贯彻新发展理念、构建新发展格局》，中央文献出版社 2021 年版，第 485 页。

进一步推进经济增长培育经济新动能看，都需要通过深化供给侧结构性改革、通过制度创新培育高水平自主技术创新能力，突破产业发展瓶颈，全面优化升级产业结构，提升创新能力、竞争力和综合实力，形成更高效率和更高质量的投入产出关系，实现经济循环畅通无阻、在高水平上的供需动态平衡。

三　构建新发展格局的战略布局、重大举措和政策体系

从构建新发展格局战略布局看，一要坚持创新在现代化全局中的核心地位，把科技自立自强作为国家发展的战略支撑，把经济发展的着力点放在实体经济上，加快发展现代产业体系，加快建设科技强国、制造强国、质量强国、网络强国、数字中国；二要坚持扩大内需这个战略基点，加快培育完整内需体系，使建设超大规模的国内市场成为一个可持续的历史过程，把实施扩大内需战略同深化供给侧结构性改革有机结合起来，创新驱动、高质量供给引领和创造新需求；三要加快推进重要领域和关键环节的深层次改革，建设高水平社会主义市场经济体制，坚持实施更大范围、更宽领域、更深层次对外开放，形成畅通国内大循环、促进国内国际双循环的动力机制；四要加快促进城乡区域协调发展，协调推进新型工业化、城镇化、信息化、农业现代化同步发展，加快推进生态文明建设，优化国内大循环产业布局、空间布局和促进绿色低碳循环发

展；五要坚持总体国家安全观，把安全发展贯穿到各个领域和各个环节，增强在复杂环境中动态维护国家安全的能力。

从构建新发展格局重大举措看，一是建立供给侧结构性改革与需求侧管理有效协同的宏观治理机制，持续完善宏观经济调控体系。在坚持供给侧结构性改革为主线、国内经济大循环为主体、市场在资源配置中起决定性作用的原则下，加快形成一种供给与需求动态平衡、改革与管理有效协同、国内循环与国际循环相互促进、市场机制与政府作用有效结合的经济运行机制。二是强化国家战略科技力量和企业技术创新能力，以提升产业基础高级化和产业链供应链现代化水平为抓手，深入实施产业基础再造工程，加大推进新型基础设施建设，不断做强做优做大我国数字经济，发展战略性新兴产业和现代服务业。三是深入实施扩大内需战略，通过完善生产、市场、分配和消费体系，积极推进国内统一大市场建设，畅通国内大循环，促进国内国际双循环，全面促进消费，增强消费对经济发展的基础性作用，优化投资结构，发挥有效投资对优化供给结构的关键作用。四是建设更高水平社会主义市场经济体制和开放型经济新体制，充分发挥市场在资源配置中的决定性作用，更好地发挥政府作用，坚持"两个毫不动摇"，促进非公有制经济健康发展和非公有制经济人士健康成长，营造各种所有制主体依法平等使用资源要素、公开公平公正参与竞争、同等受到法律保护的市场环境，激发各类市场主体活力，建立现代产权制度，奠定现代社会主义市场经济和现代经济增长的所有制基础。五是促进城乡、区域、产业的融合发展，实现新型工业化、以人为核心的新型城镇化和乡村振兴的战略协同，全面推进绿色生产和消费转型，实现绿色经济稳定高效增长。六是进一步全面统筹发展和安全，尤其是筑牢经济安全基础，一方面是维护以供应链为核心的实体经济和产业发展安全，另一方面是维护金融安全，守住不发生系统性风险底线。要统筹这两方面安全，推进金融供给侧结构性改革，金融要回归到支持实体经济的本质。以此为关键着力点，坚持总体国家安全观，实施国家安全战略，防范和化解我国现代化进程中各类重大风险。

从加快构建新发展格局政策体系看，要逐步形成稳中求进的政策体系。党的十八大以来，习近平总书记反复强调稳中求进的工作总基调，稳中求进工作总基调已经是我国治国理政的重要原则，也是做好经济工作的方法论。构建新发展格局需要稳中求进的政策体系，"稳"是主基调、是大局，构建新发展格局工作"稳"的重点放在稳住经济运行的政策方面，保证经济运行不出现系统性风险；"进"是在"稳"的基础上构建新发展格局各个关键领域积极进取的政策。"稳"和"进"是有机统一、相互促进的。稳中求进的政策体系包括七个方面的总体要求：宏观政策要稳健有效、微观政策要持续激发市场主体活力、结构政策要着力畅通国民经济循环、科技政策要扎实落地、改革开放政策要激活发展动力、区域政策要增强发展的平衡性协调性、社会政策要兜住兜牢民生底线。具体而言，稳中求进的政策体系内容重点在以下四个方面，一是通过积极财政政策和稳健的货币政策协同联动，跨周期与逆周期宏观政策有机结合，以扩大内需为战略基点，紧扣结构性问题，做到宏观经济政策更加精准有效；二是微观政策要正确把握产业政策与竞争政策的关系，深化改革开放，顺应数字经济发展趋势，持续发力激发市场主体活力，提振市场主体信心，营造各类所有制企业竞相发展的良好环境；三是深化供给侧结构性改革，围绕着力畅通国民经济循环、突破供给约束堵点不断强化完善结构性政策，尤其是加快科技政策扎实落地，构建科技、金融、产业相互促进良性循环的现代化产业体系，形成以高水平科技自立自强为特征的新发展格局；四是正确认识和把握实现共同富裕的战略目标和实践途径，统筹推进经济发展和民生保障，提高区域发展政策的平衡性协调性，社会政策要兜住兜牢民生底线，推进区域发展政策与社会民生政策有效协同。

第一章

构建新发展格局的思想史基础

正如约翰·穆勒（John Stuart Mill）所称"对先前环境的屈从"（Slavery of Antecedent Circumstances），马歇尔（Alfed Marshall）所讲"自然界没有飞跃"（Natura non Saltus）那样，党的十九届五中全会中提出的"构建以国内循环为主体，国内国际双循环相互促进的新发展格局"并不是一个偶然性命题，而是我国进入高质量发展阶段，面对跨越"中等收入陷阱"、中美关系"脱钩"危险、新冠肺炎疫情的持续冲击，在世界出现百年未有之大变局的背景下，以习近平同志为核心的党中央审时度势做出的科学选择。要理解新发展格局，必须对经济循环有一个全面了解，本章从思想史的视角对经济循环理论的演变进行梳理。

第一节　魁奈的社会总资本再生产理论

熟悉经济思想史的读者都知道，法国重农学派的代表魁奈是人类历史上第一次试图对社会总资本的再生产和流通问题做出科学分析的学者。尽管如我们所知,在魁奈之前,坎蒂隆已经做过尝试,并取得了不小的进步,但是缺乏医学经历的坎蒂隆,很难像魁奈那样用"血液循环"等医学思想来深入研究经济问题,而且由于缺乏数学训练,坎蒂隆也很难构建经济研究中的数学模型。研究经济循环不从魁奈的研究入手那一定是一个遗憾。

一 魁奈的《经济表》

资本再生产和流通问题曾经引起古典经济学者的注意,魁奈所做的以"纯产品"在国民经济循环运动为核心的社会总财富的生产和流通的说明是对资本主义资本运动分析的天才尝试。

魁奈对社会总资本的再生产和流通的分析,集中体现在《经济表》中。[①] 在《经济表》中,魁奈将社会分成耕种土地的生产阶级、包括君主在内的土地所有者阶级和从事农业以外的不生产阶级三个阶级。[②] 生产阶级预付农业劳动上的开支,并为土地所有者提供每年的收入,土地所有者阶级依靠"纯产品"来生活,不生产阶级从生产阶级和土地所有者阶级取得收入。[③]

在区分了三个阶级以后,为分析简单,魁奈假定每年的

---

① 郭冠清:《西方经济思想史导论》,中国民主法制出版社 2012 年版,第 31—35 页。

② 魁奈:《魁奈经济著作选集》,吴斐丹、张草纫选译,商务印书馆 1979 年版,第 309 页。

③ 魁奈:《魁奈经济著作选集》,吴斐丹、张草纫选译,商务印书馆 1979 年版,第 311 页。

生产规模不变（即简单再生产）、价格不发生变化，阶级内部不发生交换。魁奈还对流通开始前做了假定：生产阶级在生产过程中，最初原预付为 100 亿里弗尔，每年再投入 20 亿里弗尔的"年预付"，每年创造出价值 50 亿里弗尔的年总产品。在流通前，生产阶级将上一年度流通中收回的 20 亿里弗尔以地租形式交给土地所有者阶级；20 亿里弗尔地租是国内流通所需的货币总额，在流通中起着杠杆作用；不生产阶级在流通前的工业品价值 20 亿里弗尔。以下是经济表图式。①

根据图 1-1，整个流通过程可以分解为商品和货币流通的五次交换行为，共交换 50 亿里弗尔产品，每次 10 亿里弗尔产品，其中工业制造品 20 亿里弗尔产品，农业 30 亿里弗尔产品。具体过程如下：（1）土地所有者阶级用 10 亿里弗尔向生产阶级交换他们所必需的生活资料；（2）土地所有者阶级用 10 亿里弗尔向不生产阶级购买工业品；（3）不生产阶级将从土地所有者阶级所得的 10 亿里弗尔向生产阶级购买生活资料；（4）生产阶级向不生产阶级购买价值 10 亿里弗尔的工业品（生产资料）；（5）不生产阶级又以向生产阶级出售工业品所得的 10 亿里弗尔向他们购置农产品以作为工业原料。

---

① 魁奈：《魁奈经济著作选集》，吴斐丹、张草纫选译，商务印书馆 1979 年版，第 319 页。

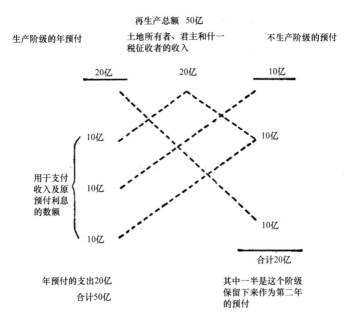

再生产总额　50亿

生产阶级的年预付　　　土地所有者、君主和什一　　　不生产阶级的预付
　　　　　　　　　　　税征收者的收入

20亿　　　　　　20亿　　　　　　10亿

10亿　　　　　　　　　　　　　10亿

用于支付
收入及原　　　10亿
预付利息
的数额
　　　　　　10亿　　　　　　　10亿

　　　　　　　　　　　　　　合计20亿

年预付的支出20亿　　　　其中一半是这个阶级
合计50亿　　　　　　　保留下来作为第二年
　　　　　　　　　　　的预付

图 1-1　经济表图式

经过上面五次交换，形成了这样的结果：土地所者阶级用他们在流通前所取得的 20 亿里弗尔货币地租，换取了 10 亿里弗尔的生活资料和 10 亿里弗尔的工业品，得到了他们所"应得"的"纯产品"；不生产阶级得到了 10 亿里弗尔的生活资料和 10 亿里弗尔的农产品（工业原料），保证再生产的继续；生产阶级本年度生产中的价值 30 亿里弗尔的农产品（20 亿里弗尔的生活资料，10 亿里弗尔的工业原料）换得价值 10 亿里弗尔的生产资料和 20 亿里弗尔的货币。除了这 30 亿里弗尔进入流通外，生产阶级还有价值 20 亿里弗尔的农产品保留在他们手中，作为种子和本阶级的生活资料，不参加流通。这样在本年度，简单的再生产可以再进行，而在本年

度生产结束后，同样的流通又可以再进行。

二 魁奈之后的发展

魁奈的《经济表》通过图解的方式，深入浅出地说明，一个国家每年的总产品，怎样在各个阶级之间流通，怎样为每年的再生产服务，这对于理解马克思的再生产和流通理论，对于构建新发展阶段的经济循环理论，具有一定的启发性和当代价值。

魁奈创造的被他的信徒称之为"人类迄今为止的第三大发明"《经济表》，经过马克思的深入研究变成了《资本论》中的"再生产图式"，经过瓦尔拉斯的精心雕琢变成了一般均衡体系，经过列昂惕夫的适度修改变成了完美的"投入—产出表"，经过斯拉法的认真研究变成了完整的商品"价格体系"，而更让人叫绝的是，据说《经济表》还是凯恩斯"乘数理论"的第一个粗略表达，《经济表》还预示着计量经济学的诞生。由此可以看出，在寻找经济循环理论基础时，不研究《经济表》一定是一个遗憾。

可惜的是，魁奈的创造性研究并没有被他的后继者继承和发展。斯密在对社会总资本的再生产和流通进行分析时，将"原预付"和"年预付"换成了"固定资本"和"流通资本"，这是一大进步，但是由于在价值分解时，忘记了马克思术语中的"不变资本"部分（这是有名的"斯密教条"）而退步，李嘉图也没有从"斯密教条"的误区中走出，不过他的比较优势原理却影响深远，对于理解国际循环非常有帮助，将在下一节介绍。在供给短缺的时代，经济循环问题本身在供给方，萨伊"供给创造需求"虽然富有深意，但无助于经济循环理论的构建。凯恩斯看到了资本主义社会的有效需求不足，构建了宏观经济学的大厦，对理解经济循环尤其是政府的作用，确实很有帮助，但是，脱离生产环节和分配环节的理论不可能建立科学的经济循环理论，这一点可以从凯恩斯主义政策的有害副作用清楚地看出。

第二节　李嘉图的比较优势理论

在迄今为止的经济学理论中，没有一个理论能像比较优势理论那样几乎被所有的国家所青睐，因为它暗示自由贸易并非零和博弈，而是对发达国家和发展中国家双方都有利的贸易，这一点对于理解经济循环中的国际循环具有非常高的价值。但是，比较优势学说尤其是静态比较优势学说，对"国家"和各个国家生产力所处的发展阶段的忽视，使许多将比较优势学说视为圣典的发展中国家陷入了"比较优势陷阱"，需要引起我们足够的重视。

一　李嘉图的比较优势学说

尽管亚当·斯密的贸易理论中也包括比较优势原理，[①] 国外学者也有"托伦斯—李嘉图—穆勒优势理论"（或"李嘉

---

① 参见斯密《国民财富的性质和原因的研究》（上卷），郭大力、王亚南译，商务印书馆1979年版，第7—8页。

图—托伦斯—穆勒模型"），国内学者关于比较优势理论为李嘉图创造的结论并不成立，① 但是考虑到李嘉图第一次明确提出了比较优势学说，我们仍将李嘉图作为比较优势学说的开拓者。对于比较优势学说，李嘉图没有给出数学模型，而是通过英国与葡萄牙两个国家生产酒和毛呢的例子进行了说明。根据李嘉图的理论，即便葡萄牙在生产酒和毛呢方面都有绝对优势，英国与葡萄牙各自按照相对优势进行生产，通过贸易可以使葡萄牙和英国收益都提高。这意味着自由贸易并非零和博弈，而是对发达国家和发展中国家双方都有利的贸易。

李嘉图的比较优势学说是国际贸易理论中的经典学说和核心学说，当代的国际贸易学说基本上都是围绕它展开的，我们熟知的赫克歇尔—俄林要素禀赋学说不过是为了解释李嘉图比较优势理论提出来，用来说明参与国际贸易交换的商品具有比较成本优势的原因。对于李嘉图的比较优势学说，里昂惕夫在1951 年发表了一篇关于美国贸易方面的论文，指出，如果美国是物质资本丰裕和劳动力缺乏的国家，那么它应该进口劳动密集型产品而不是资本密集型产品，这就是著名的"里昂惕夫之谜"。对于"里昂惕夫之谜"，里昂惕夫在后续论文中进行了解释，美国的劳动生产率是其他国家的 3 倍，以此计算，美国是劳动相对充裕而资本相对短缺的国家，美国的对外贸易并未违背比较优势学说。② 对于李嘉图的比较优势学说，马克思还是比

---

① 郭冠清：《学贯中西坚持马克思主义——吴易风学术思想评介》，《当代经济研究》2019 年第 9 期。

② 李翀：《马克思主义国际经济学的构建》，商务印书馆 2009 年版，第 150—151 页。

较认可的，这一点可以从《资本论》第三卷第十四章中对外贸易一节的评价看出，其论证逻辑与李嘉图基本相同。①

二 警惕"比较优势陷阱"

比较优势学说为国家之间的贸易提供了重要的理论支撑，是我国对外贸易的重要依据，但由于忽略了"国家"的存在，可能陷入"比较优势陷阱"，主要有三种：第一，"萨缪尔森陷阱"。比较优势学说只考虑了静态的情况，它没有对贸易双方的收益情况进行动态分析，没有考虑劳动力和土地资源等成本随着时间的变化。正如萨缪尔森在一篇论文中所指出的，贸易条件的改变可能对一国来说是永久性损失，不妨称之为"萨缪尔森陷阱"。第二，"李斯特陷阱"。当暂时处于比较劣势的产品具有"学习效应"时，实行自由贸易可能会带来"净损失"。这个分析来源于李斯特的国民经济学，不妨称之为"李斯特陷阱"。第三，"中等收入陷阱"。按照比较优势原理，发达国家与落后国家的贸易，一定是高端产品与低端产品的贸易，考虑到路径依赖和转移成本较高，落后国家在技术进步、自生创新能力方面会存在严重不足，一般会跌入"中等收入陷阱"。②

从经济学价值属性看，比较优势原理在古典经济学时期就是为英国殖民主义服务的理论，信奉该理论的国家不可避免地

---

① 《马克思恩格斯全集》第 46 卷，人民出版社 2003 年版，第 264—265 页。需要说明的是，中文第 2 版相关部分的翻译比较晦涩，需要参考中文第 1 版的翻译。

② 郭冠清：《从经济学的价值属性看中国特色社会主义政治经济学的国家主体性》，《经济纵横》2019 年第 7 期。

成为英国的经济殖民地。美国正是无视亚当·斯密的警告，按照美国学派的建议，实行国家干预的"贸易保护"政策，大力发展原来并不存在的高端产业，才在 19 世纪迅速崛起。德国正是时任首相的俾斯麦推行李斯特倡导的"贸易保护"政策和保护幼稚工业，才紧随美国之后，进入发达国家行列。日本天皇正是聘用美国学派综合者史密斯，并实施"贸易保护"政策和发展民族工业，也迅速崛起的，匈牙利、罗马尼亚、爱尔兰、意大利等国家在 19 世纪的快速发展无不与它们受到美国学派、李斯特理论[1]影响有关。[2] 现代比较优势原理是新自由主义经济学为新殖民主义服务的理论武器。我们熟知的东南亚经济危机、拉美陷阱、许多国家落入"中等收入陷阱"，都与此相关。以自由化、私有化、经济殖民化为主要特征，信奉现代比较优势原理的国家大部分都是重灾区。

从我国经济发展历史看，比较优势原理也给我们带来许多灾难性的后果。东北地区曾经是世界生产大豆等农产品的重要产区，但是由于与机械化程度较高又享受政府补贴的美国相比具有比较劣势，我国按照比较优势原理，实施进口替代战略，结果整个东北地区生产被彻底摧垮，出现了 2004 年被国际四大粮食集团绑架的、震惊中外的"大豆危机"。南方地区具有种植甘蔗的传统，但是我国甘蔗种植成本是巴西的 3 倍、印度的 2.5 倍、泰国的 2 倍，而我国食糖配额内进口关税为 15%，

---

① 需要注意，李斯特是第一代美国学派的代表。
② 贾根良：《美国学派与美国 19 世纪内需主导型工业化道路研究》，中国人民大学出版社 2017 年版。

配额外关税为50%，大大低于WTO成员方平均97%的关税水平，结果食糖这一具有我国战略安全产品自主生产也被摧垮。尤其是一些高端工业品如芯片，如果听信比较优势原理信奉者的建议，根本没有必要研发和生产，结果，我们只能成为任凭美国宰割的"羔羊"。

第三节　李斯特的国民经济学

与忽略"国家"存在的比较优势学说不同，德国历史学派先驱李斯特融合当时德意志地区流行的"国民经济学"概念①提出的"国民经济学"把"国家"置于核心位置，以"国民经济学"对抗当时占统治地位的"世界主义经济学"，在经济思想史上开创性地提出了一套完整的统筹国内国际市场两种资源的经济循环理论。可惜的是，李斯特的理论由于反对自由贸易而被西方主流经济学所抛弃，由于受到马克思和恩格斯的严厉批判也没有得到马克思主义经济学家的认可，由于扫清一切阻碍国内统一市场的政策主张而被封建当局迫害，以至他的学术地位长期被低估，他的思想光环长期被湮没。重新梳理李斯特的理论，对于统筹国内外市场两种资源、畅通国内国际双循环构建新发展格局，具有十分重要的理论价值和现实意义。

---

① 杨春学：《国家主义与德国历史经济学派》，《社会科学战线》2020年第6期。

一　李斯特理论中的"生产力"地位

在李斯特看来，世界主义经济学主张自由贸易和自由放任政策不过是一套骗取落后国家财富的骗术而已，世界主义经济学的主要问题是忽略"国家"的存在，主要就财富本身（价值）而不是对产生财富的原因（生产力）进行研究。由于"财富的生产力比之财富本身，不晓得要重要多少倍"①，"国民经济学"应该把主要精力放在研究和分析财富产生的原因上来。② 在《政治经济学的国民体系》中，李斯特提出了"国民生产力学说"，构成了李斯特理论的基石。对于如何促进生产力发展，李斯特列举了许多促进生产力发展的因素，主要包括以下四个方面：（1）教育、科技对生产力的作用；（2）政治、经济和法律制度对生产力的影响；（3）产业部门间的协调对生产力的影响；（4）民族精神对生产力的影响。

尽管在新的历史时代，我国的生产力水平总体有了很大提高，但是解放和发展生产力依然是新时代的主旋律，"国民生产力学说"对我国现阶段的经济发展依然具有借鉴意义。③

二　李斯特理论中的"国际市场"问题

基于对当时德国生产力状况的深刻理解、对美国、俄国、

---

① 李斯特：《政治经济学的国民体系》，陈万煦译，商务印书馆1961年版，第5页。

② 对此，李斯特讲道："财富的原因与财富本身完全不同。一个人可以据有财富，那就是交换价值；但是他如果没有那份生产力，可以产生大于他所消费的价值，他将越来越穷。一个人很穷，但是他如果据有那份生产力，可以产生大于他所消费的有价值产品，他就会富裕起来。"李斯特：《政治经济学的国民体系》，陈万煦译，商务印书馆1961年版，第118页。

③ 郭冠清：《从经济学的价值属性看中国特色社会主义政治经济学的国家主体性》，《经济纵横》2019年第7期。

法国等当时工业发展很快的国家的深入研究和在美国"流浪"期间的亲身经历，李斯特提出了最具光环的"幼稚工业"保护学说。李斯特认为："在与先进工业国家进行完全自由竞争的制度下，一个在工业上落后的国家，即使极端有资格的发展工业，如果没有保护关税，就决不能使自己的工业力量获得充分的发展，也不能取得完全的独立自主地位，流行学派没有看到这一点。"①

需要说明的是，李斯特的贸易保护理论，与主张国家干预的重商主义理论不同，它是按照国家发展的不同阶段，有选择性地进行"保护"，它以促进国民生产力的发展为前提。对此，李斯特强调："保护制度必须与国家工业的发展程度相适应，只有这样，这个制度才会有利于国家的繁荣。对于保护制度的任何夸张都是有害的；工业的充分发展是只能逐步实现的。由于这个缘故，在工业上处于不同发展阶段的两个国家，为了使各种不同的工业品得以进行交换而订立互惠商约是彼此有利的。这时比较落后的国家，虽然自己还不能比较有利地从事于生产较精细的工业品，例如高级棉织品和丝织品，但是先进国家对粗制工业品的部分需要，却可以在商约的促进下由比较落后国家来供应。"② 对于"幼稚工业"的保护究竟是否有利于落后国家的发展，《新帕尔格雷夫经济学大辞典》"自由贸易

---

① 李斯特：《政治经济学的国民体系》，陈万煦译，商务印书馆 1961 年版，第267 页。

② 李斯特：《政治经济学的国民体系》，陈万煦译，商务印书馆 1961 年版，第274 页。

和保护"条目的撰写者芬得雷（R. Findlay）在假设征税和支出没有成本的前提下，用新古典经济学范式的原理证明，使国家福利最大化的那些必要的补贴可以通过一次总付的税收这样非扭曲的方式获得。[①] 左大培不同意这种观点，他的研究表明，即便在国际贸易中按照比较优势原理进行了自由贸易，那么在工业这样的新产品制造部门中具有人均产出优势的国家也必定会是一个富国。左大培通过严密的数理逻辑证明，只有在对进口的新产品征收关税，满足本身能够促使国家人均资源新产品生产率提高的情况下，保护关税才能够通过扶植一国新产品的生产而使落后国家变为富裕的先进国家。对进口新兴产业产品征收保护性关税，是促进落后国家发展的最有力手段。[②]

三 李斯特理论中的"国内市场"问题

如果认为李斯特是一个保守主义者，反对自由市场，那一定是一个错误。从本质上来看，李斯特是一个坚定的自由主义者，说他是"德国的斯密"并不过分。正如杨春学所讲，在《政治经济学的国民体系》中我们随处可以看到他对自由的赞美、对自由与生产力发展之间互动关系的强调、对封建主义的无情批判、对取消国内贸易壁垒建立国内统一市场的呐喊。[③]

李斯特以国家的生产力水平为基础，以促进生产力发展为目标对如何统筹国内国际两种市场资源进行了开拓性研究，对

---

① 芬得雷：《新帕尔格雷夫经济学大辞典》（第 2 卷），经济科学出版社 1992 年版，第 452 页。
② 左大培：《"李斯特命题"的数量化模型分析》，《当代经济研究》2015 年第 8 期。
③ 杨春学：《国家主义与德国历史经济学派》，《社会科学战线》2020 年第 6 期。

于我国如何让市场在资源配置中起决定性作用，如何更好地发挥政府作用，以构建双循环新发展格局，都有启发性。

第四节 毛泽东的"自力更生为主，争取外援为辅"方针

独立自主是毛泽东从长期的革命和建设实践中得到的科学结论，[①]"自力更生为主，争取外援为辅"是独立自主思想在经济发展中的具体应用。

一 中国社会主义建设离不开外援的支持

痛感中国经济落后之现状，认识到中国经济建设需要来自外部尤其是苏联的支持，毛泽东在党的七届二中全会上指出："中国的经济遗产是落后的，但是中国人民是勇敢而勤劳的，中国人民革命的胜利和人民共和国的建立，中国共产党的领导，加上世界各国工人阶级的援助，其中主要地是苏联的援助，中国经济建设的速度将不是很慢而可能是相当地快的，中国的兴盛是可以计日程功的。"[②]

对于苏联的援助，毛泽东在 1949 年 6 月 30 日发表的《论人民民主专政》一文中做了精彩论述："'不要国际援助也可

① 习近平：《关于社会主义市场经济的理论思考》，福建人民出版社 2003 年版，第 92 页。

② 毛泽东：《在中国共产党第七届中央委员会第二次全体会议上的报告》，人民出版社 2004 年版，第 16 页。

以胜利。'这是错误的想法。在帝国主义存在的时代,任何国家的真正的人民革命,如果没有国际革命力量在各种不同方式上的援助,要取得自己的胜利是不可能的。胜利了,要巩固,也是不可能的。……请大家想一想,假如没有苏联的存在,假如没有反法西斯的第二次世界大战的胜利,假如没有打倒日本帝国主义,假如没有各人民民主国家的出现,假如没有东方各被压迫民族正在起来斗争,假如没有美国、英国、法国、德国、意大利、日本等等资本主义国家内部的人民大众和统治他们的反动派之间的斗争,假如没有这一切的综合,那末,堆在我们头上的国际反动势力必定比现在不知要大多少倍。"① 基于对苏联援助对我国经济建设至关重要的正确判断,毛泽东在1949 年 12 月至 1950 年 2 月对苏联进行了访问,在此期间签订了《关于中国长春铁路、旅顺口及大连的协定》《中苏友好同盟互助条约》《关于贷款给中华人民共和国的协定》。根据协议,苏联提供 3 亿美元贷款,并用这笔贷款向中国提供了第一批 50 个项目,② 用于新中国恢复和重点部门建设,由此拉开了苏联政府大规模援助中国经济建设的帷幕。苏联援助不仅包括设备,而且包括专家和技术人员,很难想象,没有苏联援助的新中国恢复时期的状况。

二 中国社会主义的建设需要坚持自力更生

"一五"时期经济的超速发展,为"鼓足干劲,多快好

---

① 《毛泽东选集》(第四卷),人民出版社 1991 年版,第 1473—1474 页。
② 夏慧芳:《中国工业化的基石——前苏联援建的"156 项目"》,《新西部》(理论版) 2016 年第 21 期。

省"建设社会主义提供了"无限的想象空间",接下来的"大
跃进"和人民公社化运动将中国带入灾难,这也是中国共产党
人独立探索中国发展道路付出的沉重代价,不仅如此,中国共
产党人独立探索中国发展道路惹怒了苏联,1958 年中国与苏
联关系开始出现裂痕,1960 年 7 月苏联终止了同中国的合作,
并撤走苏联全部专家,同时在社会主义阵营发起了对中国的围
攻。于是,中国不仅面临以美国为首的资本主义国家的经济封
锁,而且可以利用的社会主义阵营的国际市场资源几乎已不复
存在,除了走向"自力更生为主,争取外援为辅"的道路外,
别无选择,这是以毛泽东同志为主要代表的中国共产党人依据
当时生产力状况和国内外环境的必然选择。

　　不过,应该指出的是"自力更生为主,争取外援为辅"并
不是与苏联交恶之后才形成的基本战略。早在 1945 年 8 月 13
日,毛泽东在《抗日战争胜利后的时局和我们的方针》中就明
确地指出:"我们的方针要放在什么基点上?放在自己力量的
基点上,叫做自力更生。……但是我们强调自力更生,我们能
够依靠自己组织的力量,打败一切中外反动派。"[①] 1958 年 6
月 17 日,毛泽东在国家计委的《第二个五年计划》的评语中
首次提出"自力更生为主,争取外援为辅",毛泽东写道:
"没有现代化工业,哪有现代化国防?自力更生为主,争取外
援为辅,破除迷信,独立自主地干工业、干农业、干技术革命
和文化革命,打倒奴隶思想,埋葬教条主义,认真学习外国的

_____

① 《毛泽东选集》(第四卷),人民出版社 1991 年版,第 1132 页。

好经验，也一定研究外国的坏经验——引以为戒，这就是我们的路线。"① 同年 12 月，周恩来在外贸部口岸外贸局长座谈会上明确指出"自力更生为主，争取外援为辅"是我国社会主义建设的基本方针。

三　毛泽东对经济循环理论的贡献

从经济循环理论看，毛泽东将"国家"作为一个独立变量纳入理论分析之中，并根据生产力条件和国内外形势，统筹国内国外两种资源，这是对马克思的社会总资本再生产理论的发展。自力更生为主就是以国内循环为主，发展要靠自己而不是别人，争取外援为辅就是不是不要国外援助，而是国外循环只是一个辅助，这个辅助是建立在国内循环为主的基础上，而且对我国经济建设还很有帮助，需要争取。正是坚持"自力更生为主，争取外援为辅"的基本方针，我国在社会主义革命和建设时期建立起来了比较完整的工业体系和国民经济体系。

第五节　邓小平的对外开放理论

历时十年的"文化大革命"结束和世界进入以"和平与发展"为主题的时代，为中国经济的健康快速发展提供了可能，"改革开放总设计师"邓小平在深入思考社会主义建设正

---

① 《毛泽东文集》（第七卷），人民出版社 1999 年版，第 380 页。

反面经验和国内外形势的基础上，以巨大的政治勇气和超前的智慧，提出了对外开放重要思想。

一 中国的发展需要对外开放和对内搞活

邓小平在洞察国内外形势的基础上，深刻认识到中国的发展离不开世界，闭关自守就要落后挨打，必须实行对外开放、对内搞活的经济政策。他明确指出："现在的世界是开放的世界。中国在西方国家产业革命以后变得落后了，一个重要原因就是闭关自守。……我们提出要发展得快一点，太快不切合实际，要尽可能快一点，这就要求对内把经济搞活，对外实行开放政策。"[1]

在对外开放中，邓小平反复强调要借鉴和吸收资本主义社会创造的现代文明成果，明确指出"要引进国际上的先进技术、先进装备，作为我们发展的起点"[2]，一再强调"更重要的是，从这些企业中，我们可以学到一些好的管理经验和先进的技术，用于发展社会主义经济"[3]。

二 对外开放要以自力更生为立足点

邓小平将毛泽东的自力更生方针贯彻于对外开放理论的始终，一方面实施对外开放的基本国策，另一方面以自力更生为立足点，将对外开放牢固地建立在自力更生的基础之上。他在中国共产党第十二次全国代表大会开幕词中明确指出：

---

① 《邓小平文选》（第三卷），人民出版社 1993 年版，第 64—65 页。

② 《邓小平思想年编：一九七五——一九九七》，中央文献出版社 2011 年版，第 178 页。

③ 这些企业指"三资企业"。《邓小平文选》（第三卷），人民出版社 1993 年版，第 139 页。

"独立自主，自力更生，无论过去、现在和将来，都是我们的立足点。中国人民珍惜同其他国家和人民的友谊和合作，更加珍惜自己经过长期奋斗而得来的独立自主权利。……我们坚定不移地实行对外开放政策，在平等互利的基础上积极扩大对外交流。同时，我们保持清醒的头脑，坚决抵制外来腐朽思想的侵蚀，决不允许资产阶级生活方式在我国泛滥。"①

三 邓小平对经济循环理论的贡献

邓小平的对外开放理论，与建立在比较优势原理基础上的对外贸易理论有着本质的区别，它没有停留在利用我国资源禀赋优势进行贸易的阶段，而是以自力更生为立足点，利用外资和国外先进的经验发展中国经济。也正因为如此，即便是"两头在外、大进大出"，中国的经济循环依然保持畅通，更没有陷入低水平的"比较优势陷阱"之中，相反，中国的市场资源得到更好的开发和利用，形成了国内国际循环长达30多年的良性互动，创造了中国经济发展的奇迹。在这个过程中，无论是通过市场换技术，还是自主创新，中国技术水平不断积累和上升，经济结构也从对外开放开始的劳动密集型的低端出口，逐渐迈向产业链的中高端。邓小平对外开放理论是对经济循环理论的重大创新。

---

① 《邓小平文选》（第三卷），人民出版社1993年版，第3页。

第六节 新时代的创新和发展

党的十八大以来，以习近平同志为核心的党中央，对新常态下如何实现经济健康持续发展进行了深入思考和探索，从方法论和理论上，对以唯物史观为方法论、以剩余价值理论为理论基石的经济循环理论进行了创新和发展。

1. 社会主义的经济基础和上层建筑关系。社会主义的经济基础与上层建筑关系，集中体现在经济和政治的辩证关系，列宁、毛泽东、邓小平、江泽民等国家领导人在不同的时期都提出过"经济是政治的集中表现""经济是最大的政治"等相关论述。① 习近平对经济和政治关系进行了深入概括，指出："经济离不开政治，政治也离不开经济，这是客观事物发展的必然规律。经济政治化和政治经济化，应是经济和政治辩证统一关系和谐发展的集中体现。"②

政治的核心是国家，国家是政治的权力机关，国家通过制定和实施法律等强制性手段与运用财政、货币等经济手段，影响经济生活。社会主义国家不仅要扮演"守夜人"的角色，而且要在党的领导下，坚持以人民为中心的发展思想，制定发展

---

① 对社会主义政治与经济问题的关注可以从布鲁斯1978年出版的《社会主义的政治与经济》书名中看出。参见布鲁斯《社会主义的政治与经济》，中国社会科学出版社1983年版，第93—123页。
② 习近平：《对发展社会主义市场经济的再认识》，《东南学术》2001年第4期。

战略，加强顶层设计，克服"市场失灵"，为社会主义奋斗目标砥砺前行，推动经济社会持续健康发展，因此，在社会主义国家中，国家已不是可有可无的点缀品，而是具有强大建设功能的主体，而这些都建立在党的集中领导之下，因此要理解社会主义政治与经济关系，需要充分理解国家的作用和党的领导的政治优势。

习近平同志对于社会主义制度下的政治与经济关系做了更进一步分析："社会主义与市场经济的有机结合，为实现政治与经济的辩证统一找到一种迄今为止的最佳形式。在这一体制下，一方面，是社会主义的制度优势为市场经济健康发展开辟了广阔空间，使社会主义的经济基础更加雄厚、经济内涵更为丰富，形成了显著的政治经济化特征；另一方面，市场经济的发展也推进了政治体制的改革，并在优化经济资源配置的同时，优化了政治资源的配置，使社会主义民主政治建设不断加强，社会主义制度进一步趋于完善和巩固，经济政治化的特征和运动趋势也更加显著。"①

对于经济基础与上层建筑的关系，习近平总书记在庆祝全国人民代表大会成立 60 周年大会上的讲话中，还有一个重要的论述，"一个国家的政治制度决定于这个国家的经济社会基础，同时又反作用于这个国家的经济社会基础，乃至于起到决定性作用"。② "乃至于起到决定性作用"是对马克思经济基

---

① 习近平：《对发展社会主义市场经济的再认识》，《东南学术》2001 年第 4 期。
② 习近平：《在庆祝全国人民代表大会成立 60 周年大会上的讲话》，《人民日报》2014 年 9 月 6 日第 2 版。

础—上层建筑关系基本原理的创新和发展，为理解为什么要加强党的统一领导、为什么要以新发展理念引领、为什么要将马克思主义基本原理同中华优秀传统文化相结合等提供了依据。①

2. 坚持问题导向。我们常说的坚持把马克思主义基本原理同中国具体实际相结合，中国的具体实际就是现实中的问题，相结合的方法就是坚持问题导向的方法。坚持问题导向的方法是马克思的实践认识论、毛泽东的实践论和邓小平的"摸着石头过河"的具体应用和发展，正如习近平所强调的："我们中国共产党人干革命、搞建设、抓改革，从来都是为了解决中国的现实问题。"②

现实问题不是来源于文本，不是来源于空洞的说教，而是来源于中国特色社会主义建设的实践，坚持问题导向就是坚持直面现实的经济学分析方法。对此，习近平总书记明确指出："坚持以马克思主义为指导，必须落到研究我国发展和我们党执政面临的重大理论和实践问题上来，落到提出解决问题的正确思路和有效办法上来。"③

中国特色社会主义建设是前无古人的实践探索，如果我们坚持问题导向，直面实践中存在的各种问题，坚持不懈地进行理论创新，那么我们一定会将实践的经验上升为"系统化的经

---

① 习近平在庆祝中国共产党成立 100 周年大会上的讲话中首次提出"坚持把马克思主义基本原理同中国具体实际相结合、同中华优秀传统文化相结合"即"两个结合"，凸显了文化的作用。

② 习近平：《关于〈中共中央关于全面深化改革若干重大问题的决定〉的说明》，《人民日报》2013 年 11 月 16 日第 1 版。

③ 习近平：《在哲学社会科学工作座谈会上的讲话》，《人民日报》2016 年 5 月 19 日第 2 版。

济学说"，同时在实践中进一步地完善和创新。正如习近平总书记所指出的："问题是创新的起点，也是创新的动力源。只有聆听时代的声音，回应时代的呼唤，认真研究解决重大而紧迫的问题，才能真正把握住历史脉络、找到发展规律，推动理论创新。"①

　　坚持问题导向的方法是新时代一以贯之的工作方法，是保持经济循环畅通的重要工具，是习近平经济思想的重要组成部分。

---

　　① 习近平：《在哲学社会科学工作座谈会上的讲话》，《人民日报》2016 年 5 月 19 日第 2 版。

第二章

构建新发展格局的时代背景

历次工业革命对于经济增长、社会变革和全球贸易产生了深远影响，抢占工业革命的先机，是大国崛起的重要条件。进入 21 世纪以来，依托人工智能、物联网、大数据、区块链等前沿技术的第四次工业革命到来，人类社会向数字化、网络化、智能化的进程迈进。与先前几次工业革命相比，第四次工业革命同样带来生产力极大提升、生产关系巨大转变，进而推动社会变革和世界格局变化，也成为各国发展的必争之地。

第一节　新一轮科技革命和产业变革的
崭新机遇及各国发展方向

为抓住新一轮科技革命和产业变革的发展机遇，抢占第四次工业革命发展先机，各国在技术路线、关键环节、产业转型等领域均加强了战略布局，并落实一系列举措，促进产业发展，以保障国家的产业竞争力和国际话语权。

一 加强产业前瞻性布局，重视前沿技术研发应用

第四次工业革命——工业 4.0 概念率先由德国提出，此后越来越多国家认识到智能时代的来临，加快前沿高科技技术布局与发展，试图从"产业规则遵守者"向"产业规则引导者"身份转变。德国作为少数参与了三次工业革命的国家，较早意识到创新驱动的重要性，试图通过布局前沿领域科技，促进经济增长和提升国际竞争力，于 2006 年提出首个全国性高科技战略——《德国高科技战略（2006—2009 年）》，加强联邦政府投入，扶持信息通信、能源等 17 个重点高科技行业发展。在此基础上，2010 年《德国 2020 高技术战略——思想·创新·增长》，将研究、新技术、扩大创新作为应对金融危机、国际竞争加剧、全球化挑战日益严峻的重要途径。2013 年在德国汉诺威工业博览会上工业 4.0 概念被正式提出，加快建设信息物理系统，加快制造业向智能化转型，随后工业 4.0 被德国政府列入"德国 2020 高技术战略"的十大目标之一。在此后，德国又于 2014 年、2018 年先后发布《新高科技战略——为德国而创新》《高技术战略 2025》，加强高科技产业相关布局和创新激励机制设立。在 2019 年最新发布的《国家工业战略 2030》中，再次强调新技术对于竞争力重塑的重要性，重点关注人工智能等新兴技术，并促进私有资本对新兴技术的研发投入。

近年来，世界各国普遍加快了前沿产业布局和研发推进，特别是注重发展的智能化、绿色化布局。其中，部分国家已经对于前沿产业展开系统性、前瞻性布局，并加快出台促进前沿技术应用的相关策略。美国于 2012 年发布《美国先进制造业领导力战略》，并于 2018 年更新发布《美国先进制造业领导力战略》以发展和推广新的制造技术为途径，实现美国引领全球先进制造的愿景。2020 年美国又连续提出了《未来产业法案》《无尽前沿法案》等，加快对美国新兴科学和制造业研发的投资，并加强多部门合作建设，以促进未来前沿产业布局和发展。并积极发展智能电网，制定了美国 Grid 2030 智能电网发展规划，并建设"智能电网"投资基金，加快能源消费结构变革。日本于 2013 年发布首部"科学技术创新综合战略"，并进行逐年更新，截至 2017 年共发布 5 部，重点推进前沿技术发展，以提升日本产业竞争力。2018 年由发布"科学技术创新综合战略"更改为逐年发布"统合创新战略"，2020 年最新发布的《统合创新战略 2020》，结合日本国内外形势和新冠肺炎疫情，发展人工智能技术、生物技术、量子技术和材料等领域的战略基础技术，以及环境能源、健康医疗等应用技术领域。俄罗斯于 2013 年发布《2013—2020 年国家科技发展纲要》，旨在加强基础科学研究建设、加强前沿性的科技储备，于 2019 年更新发布《俄罗斯联邦国家科技发展计划》，提出发展智能产业，广泛发展科学、技术和创新领域等。英国启动"脱欧"之后，于 2017 年发布《产业战略：建设适应未来的英国》，提出将英国建设为全球人工智能与数据驱动型创新的中心。此后，英国于 2019 年发布《国际研究与创新战略》，在已建成的全球领先的科技创新中心基础上，通过建设全球技术中心网络、未来技术全球平台等，建立全球范围的研究和创新合作关系，联手打造未来产业。

二 强化关键环节自主可控，建设供应链本土生态

核心技术和关键环节是各国布局的重中之重，各国均将核心技术和关键环节发展作为国家安全和产业突破的重心。其中，半导体产业作为信息通信和工业的基石，早在 20 世纪新一轮工业革命兴起之前，就成为各国政府推动产业振兴和自主可控的重点领域。20 世纪 80 年代，美国注意到半导体行业来自日本生产商的竞争加剧，开始加强政府对于产业的支持。在战略布局上，美国国会于 1988 年成立美国国家半导体顾问委员会，旨在研究确定将影响国防或美国竞争力或两者兼而有之的新兴半导体技术，1992 年美国政府、工业界、学术界 150 余名专家聚集，探讨满足未来 15 年国家研究需求的半导体路线图。在立法上，于 1984 年通过《半导体芯片保护法》，用于半导体知识产权保护；并且与日本签署一系列双边贸易协议，保护美国本土国有企业市场。在鼓励创新上，于 1982 年成立美国半导体研究联盟（SRC），成为半导体工业协会（SIA）的独立附属机构，为美国高校进行半导体基础研究提供资金支持。于 1987 年成立半导体制造技术战略联盟（SEMATECH），旨在赞助美国半导体研究，初始成员包括 14 家美国半导体制造商——成员涵盖 80% 的美国半导体制造，这一模式也被较多国家模仿。① 亚洲国家通过制度

---

① National Research Council，2003，*Securing the Future：Regional and National Programs to Support the Semiconductor Industry*，Washington，DC：The National Academies Press. https：//doi. org/10. 17226/10677.

创造强化市场干预，面对 1997 年亚洲金融危机和 20 世纪 90 年代末半导体行业衰退，亚洲半导体行业抵抗住双重危机与政策扶持密切相关。[①] 例如，日本于 1976 年开始推行半导体国家计划——超大规模集成电路 VLSI，在经历与美国贸易摩擦以后，20 世纪 90 年代以来，先后由政府主导，成立半导体产业研究所（SIRIJ）、半导体理工学研究中心（STARC）和半导体尖端技术中心（Selete）。又如，韩国国家配给信贷支持半导体相关的出口导向型工业集团，将半导体私营企业推向了全球市场；并从 20 世纪 80 年代初制订一系列半导体产业促进计划，并于 1994 年推出《半导体芯片保护法》。

21 世纪以来，为抢占智能时代先机，各国对于半导体行业的关注达到了新高度，与之相关的贸易摩擦不断。其中，日本为恢复半导体行业活力，先后开展飞鸟计划（Asuka）、新千年先进信息技术研究（MIRAI）、高度敏捷生产线推进（HAL-CA）等项目，加强政产学研合作，研究新一代半导体材料和工艺；2018 年投资 108 亿日元应用于 AI 半导体研发。并于 2019 年对外向出口型的韩国进行半导体上游材料出口管制。韩国为应对相应管制，由政府牵头推进跨部门半导体装备国有化相关研究，并推进企业帮扶和人才培养机制，制订"半导体产业中长期发展计划（2019—2029）"。2021 年韩国"半导体 IP 使用支持计划"试运行。美国近年来意识到半导体行业市

---

① Mathews, J. A., & Cho, D. S. 2007, *Tiger technology: The creation of a semiconductor industry in East Asia*, Cambridge University Press.

场份额流失和高端芯片产能转移，于 2017 年发布了《确保美国在半导体领域的长期领导地位》报告，旨在提升美国半导体生产商生产环境和加速半导体行业创新变革，并明确提出要对中国产业政策进行阻挠。此后，美国加强中国企业对美投资审查与防范。2018 年开始，陆续出台《外国投资风险评估现代化法案》《2018 年出口管制改革法案》等，加大外国资本进入美国半导体等关键领域审查力度，并加强半导体设备、材料加工、电子电信等领域出口管制。2020 年先后发布《为芯片生产创造有益的激励措施法案》《2020 美国晶圆代工法案》加强对芯片行业补贴和激励。2021 年美国推出《无尽前沿法案》的修正案《美国创新与竞争法》，批准拨款 520 亿美元，用于美国今后五年半导体芯片发展。而欧盟亦于 2020 年发布《欧洲处理器和半导体科技计划联合声明》，加强先进处理器及半导体工艺研究合作与投资。

三　加快数字基础设施建设，推动数字化转型进程

为顺应数字化、网络化、智能化发展趋势，加快数字技术与实体经济深度融合，各国大力发展数字经济，加强普及数字基础设施，消除数字鸿沟。各国对于数字基础设施战略布局由来已久。1993 年，美国提出《国家信息基础设施行动动议》，旨在从全美范围内建设四通八达的"信息高速公路"。2010 年至 2014 年，美国密集发布数字基础设施相关报告，包括《数字化国家：21 世纪美国通用互联网宽带接入进展》《探索数字国家：美国家庭宽带互联网应用》《数字国家：扩大互联网使用》《探索数字国家：计算机和互联网家庭应用》《探索数字

国家：美国新兴在线体验》等，这些报告为提升互联网普及率和完善数字基础设施建设提供了参考。2018 年美国发布《国家网络战略》，作为美国首个全面阐述网络安全战略报告，该报告提出要通过建立可互操作和可靠的互联网基础设施、投资下一代基础设施等，培育数字经济市场，提升美国影响力。日本于 2000 年成立"IT 战略本部"，2001—2009 年，先后发布"e-japan"战略、"u-japan"战略、"i-japan"战略等，完善数字基础设施和提升宽带普及率成为重要议题。2010 年日本发布《新成长战略》，新一代光网、下一代无线网、云计算等均成为重要发展方向。2013 年日本将"IT 战略本部"升级为"IT 综合战略总部"，统筹通信网络社会推进相关事宜。韩国从 2004 年开始，先后提出"IT 839"战略、"U-Korea"、"U-City"、"智慧首尔 2015"、《物联网基本规划》等，提出加强ICT 基础设施、物联网基础设施等，通过全域覆盖网通实现智能化服务。新加坡 2006 年提出在"智慧国 2015 规划"后，又于 2014 年公布了升级版本"智慧国家 2025"的 10 年计划，强调数字基础设施建设与数字技术泛在应用。

除推进数字基础设施外，世界各国布局产业和社会的数字化转型，推动数字红利在全社会范围内快速普及。欧盟注重对于各成员国数字化发展情况的量化评估，于 2016 年发布了欧洲数字经济和社会指数（DESI），并进行指标的逐年更新，旨在提升各成员国经济与社会数字化方面的表现，2017 年发布《工业数字化记分牌 2017》，评估和推动各成员国产业数字化的表现。近两年密集发布数字化转型相关报告，于 2020 年发布《欧洲数据战略》《欧盟新工业战略》《塑造欧洲的数字未来》，旨在以数据驱动产业发展，抢占数字化工业主导地位，提升全球数字竞争力；2021 年欧盟发布《2030 年数字指南针》，提出到 2030 年实现欧洲数字化转型的愿景、目标、原则、路径的"十年计划"。美国在 1998—2003 年，除 2001 年外，每年发布数字经济相关白皮书，将数字技术作为驱动实体经济发展、实现降本增效的重要手段。2015 年之后，又陆续发布了《数字经济议程》《在数字经济中实现增长与创新》《关于保护和发展数字经济的报告》《数字经济的定义和衡量》，进一步推动数字技术与实体经济深度融合。2020 年由政产学研组成的美国工业互联网联盟发布《工业数字化转型白皮书》，阐述了企业数字化转型的驱动因素、关键技术、流程方式、具体步骤等，为企业加快转型提出建议和参考。此外，较多国家在近年来发布了数字化转型的战略，如德国的《数字化战略 2025》、澳大利亚的《数字化转型战略 2018—2025》、加拿大的《数字化运营战略规划：2018—2022 年》等。

第二节　中国的经济崛起和构建新发展格局的现实基础

从中国发展现实基础来看，新中国成立以来特别是改革开放以来，坚持以经济建设为中心，创造了经济长期增长的"中国奇迹"；做到了物质基础雄厚、人力资源丰富、产业体系健全、开放格局深化，为开启不断满足人民美好生活需要、实现更加平衡更加充分的新发展阶段奠定了基础。

一 广泛加入全球产业链，向全面开放格局迈进

工业革命以来，全球化进程持续深化。特别是 21 世纪以来，各国利益深度融合，产业链的生产活动，往往被分割在不同国家跨地区完成，全球价值链快速发展。根据《全球价值链报告 2019》显示，[①] 超过三分之二的世界贸易是通过全球价值链进行的，从 2000 年到 2007 年，全球价值链特别是复杂的全球价值链的增长速度超过了 GDP 的其他组成部分，全球价值链的出现为发展中国家提供了就业和收入增加、融入全球经济的机会。

改革开放以来，我国积极践行"走出去"和"引进来"的发展战略，经济状态由封闭向全面开放迈进，凭借着劳动力成本低的比较优势，形成了市场和资源"两头在外"的"世界工厂"发展模式，对于提升国际竞争力和改善人民生活水平具有重要意义。特别是 2001 年加入世界贸易组织以来，我国对外贸易发展迅速，货物进出口总额由 1978 年的 355 亿元增长至 2020 年的 32.16 万亿元，货物出口总额由 1978 年的 167 亿元增长至 2020 年的 17.93 万亿元，货物进口总额由 1978 年的 187 亿元增长至 2020 年的 14.22 万亿元，货物进出口贸易差由 1978 年的贸易逆差 19 亿元转变为 2020 年的贸易顺差

---

① WTO, "Global Value Chain Development Report 2019: Technological Innovation, Supply Chain Trade, and Workers in a Globalized World (English)", Washington, D. C.: World Bank Group.

3.71 万亿元，坐稳世界贸易第一的宝座，在日趋低迷的全球经济大背景下，成为世界贸易的新引擎。

与此同时，在全球价值链中，中国扮演着越来越重要的角色。《全球价值链报告 2019》显示，中国崛起成为全球供应链中心，2000 年至 2017 年，中国取代了日本在亚洲的地位，经过最终产品贸易成为附加值出口商品的全球供应中心，到 2017 年，中国不只在亚洲，更在世界上占据了中心地位，衔接了欧洲（德国）和北美（美国）的区域中心。并且，我国以构建命运共同体为发展理念，发起共建"一带一路"倡议，探索新型国际投融资模式，强化"一带一路"沿线基础设施建设和产能合作。2021 年第一季度，我国对外直接投资 2061.4 亿元人民币（折合 317.9 亿美元），同比增长 4.6%，流向制造业的投资 38.4 亿美元，同比增长 17.8%；流向信息传输业 16.2 亿美元，同比增长 20.9%。

二 国内消费市场逐步建立，新型发展红利凸显

改革开放以来，我国坚持以经济建设为中心，创造了经济长期增长的中国奇迹。在经济总量上，1978 年我国 GDP 仅约为 3679 亿元，到 2020 年时已经超过 100 万亿元，其中共 15 年保持两位数以上增长。

经济增长带动了我国人民生活水平不断提升，为国内消费市场建立奠定了基础。我国人均 GDP 由 1978 年的欠发达水平 385 元增长到 2020 年的 72447 元，2019 年我国人均 GDP 首次突破 1 万美元，为世界银行定义的中等偏上收入国家。全国居民人均可支配收入由 1978 年的 171 元上升至 2020 年的 32189 元，城镇居民家庭人均可支配收入由 1978 年的 343 元上升至 2020 年的 43834 元，农村居民人均可支配收入从 1978 年的 134 元上升至 2020 年的 17131 元。我国人民生活水平实现从温饱不足到迈向全面小康的历史性跨越。改革开放以来，我国经济发展屡次超额完成预期和目标。2020 年作为新冠肺炎疫情肆虐和外部国际环境错综复杂的一年，我国脱贫攻坚取得决定性胜利，5575 万农村贫困人口实现脱贫，成为首个实现联合国减贫目标的发展中国家。人民生活发生翻天覆地的变化，从贫穷落后迈向全面小康。1952 年社会消费品零售总额仅 277 亿元，2019 年我国社会消费品零售总额突破 40 万亿元大关，我国已成为全球第二大消费市场，消费对经济发展的基础性作用持续凸显。

在国内市场壮大的同时，我国外循环为主的经济模式也出现波动。《全球价值链报告 2019》显示，2008 年以后，全球价值链出现停滞，贸易保护主义、"去全球化"思潮抬头干扰全球价值链扩张，技术变革一定程度上替代劳动力，也给发展中国家参与全球价值链带来不确定因素。改革开放以来，我国曾凭借劳动资源禀赋优势，出口劳动密集型产品，对提升人民生活和解决就业具有积极作用。[①] 但我国"老龄化"和"少子化"问题凸显，2000 年步入老龄化社会，2010 年劳动年龄人口首次由正增长转为负增长。传统人口红利逐步消失，劳动密

---

① 江小涓、孟丽君：《内循环为主、外循环赋能与更高水平双循环——国际经验与中国实践》，《管理世界》2021 年第 1 期。

集型对外经济模式受到国际环境的挤压和国内现实的冲击。值得庆幸的是，我国的新型发展红利也在凸显。一方面，我国教育普及教育程度持续提升，国民受教育机会持续扩大，人才聚集产生新型人口红利——人才红利。"十三五"时期，劳动年龄人口平均受教育年限达到 10.7 年，各级教育普及程度方面都达到或者超过中高收入国家平均水平。第七次人口普查数据显示，具有大学文化程度的人口为 21836 万人。与 2010 年相比，每 10 万人中具有大学文化程度的由 8930 人上升为 15467 人，我国人口素质不断提升，为加快产业转型升级奠定了基础。另一方面，我国注重科研投入与创新发展，技术红利凸显。注重研发投入，科研实力不断攀升。《2020 世界知识产权指标》报告显示，① 2019 年中国国家知识产权局受理的专利申请数量达到 140 万件，连续 9 年排名全球第一，是排名第二位国家专利申请数量的两倍以上。2020 年全社会研发支出达 2.44 万亿元，占 GDP 比重为 2.40%，水平与欧盟相当。"十三五"时期，创新发展进一步深化，关键技术攻关有所突破，在载人航天、探月工程、深海工程、超级计算、量子信息、"复兴号"高速列车、大飞机制造等领域取得一批重大科技成果。科技与经济社会深度融合持续深化，5G、人工智能、区块链、新能源等加快应用。

---

① WIPO, "World Intellectual Property Indicators 2020", Geneva: World Intellectual Proper, 2020.

第三节　新发展格局下我国仍面临挑战

鉴于国际环境复杂，国内构建新发展格局意义深远，不过在实际发展中，我国经济仍存在较多制约因素及挑战，亟待解决。

一　产业链自主可控仍有待加强，"卡脖子"问题仍待解决

国际力量对比深刻调整，我国重点领域、关键环节面临着供应链、产业链断裂风险，核心技术受制于人，以产业链自主可控为发展方向，方能抵御单边主义、保护主义、霸权主义的威胁。

然而，我国在核心技术、关键环节的"卡脖子"问题突出。面对中国崛起，西方国家以违反国家安全和外交利益为由，阻碍中国发展。中美贸易摩擦以来，美国针对中国的通信、半导体、超级计算、人工智能等领域列出了出口管制清单，导致我国的装备、材料、零部件等面临断供风险。实践一再证明，核心技术是要不来、买不来、讨不来的。高精尖产业的自主可控对于我国产业发展至关重要。特别是，当前我国在光刻机、芯片、操作系统、核心工业软件、核心算法、数据库管理系统等诸多关键技术领域与国际领先水平存在较大差异。以芯片为例，国际先进厂商已推进 3nm 工艺的芯片量产，国内厂商与其技术差距在 3 代左右，需要 5—10 年追赶，特别是头部企业占据了绝大多数市场份额，国内厂商发展需要冲破技术、资金、市场层面的劣势积累，困难重重。如何基于我国发展阶段和错综复杂的国际环境，实现科技自立自强、确保产业链供应链安全，仍是当前面临的重要挑战。

二 产业结构仍有待优化，供需失衡仍待解决

我国产业发展除面临"被卡脖子""被断供"的风险外，还面临着产业结构调整的难题。

一方面，要优化我国传统产业的产业结构，特别是应对高端产能不足和低端产能过剩的问题。钢铁、水泥、煤化工、电解铝等传统制造业领域，高污染、低技术的低端产能供应满足不了我国绿色化、智能化发展需求，高端产能发展受制于工艺水平和国际原材料供应。加快传统产业的转型升级，向绿色节能、智能化、可持续方向迈进是重要的发展依据。

另一方面，要实现我国新兴产业有序发展，规避同质化竞争引发的"内卷"。国家对战略性新兴产业发展给予较大扶持，但企业在发展过程中不乏盲目跟风、造假骗补等行为，技术研发能力有限，恶性竞争严重。以新能源汽车为例，为推广新能源汽车，2016年以来，消费者购买新能源汽车可以获得相应补贴，新能源汽车行业获得发展契机，除传统汽车企业外，受制于本行业的激烈竞争和有限利益空间，以及可预期的新能源汽车未来前景，互联网等企业也纷纷为新能源汽车业务布局，"跨界造车"成为风尚，然而过度依赖于补贴、资本炒作的车企陆续失败，造成了投资者利益受损；且排除电池故障、规避加速失控、引发火灾等共性问题仍有待解决，对于消费者信心重塑具有较大影响。整治新兴产业的发展乱象，保障企业进行

技术之争而非资本之争，实现知识、管理、技术等要素畅通流通，亦是实体经济发展的新要求。

三　市场需求仍有待培育，自主品牌创造仍面临困难

除供给侧面临技术挑战、产业结构挑战外，需求侧亦面临需求不足的挑战，我国产品品牌特别是高端产品影响力有限，没有得到国内和国际市场的认可。

一方面，生活用品消费领域，较多消费者追求国际名牌，对于国内自有品牌认可度较低，特别是在服装、包具、手表等领域，国内消费者通过代购、海淘等方式，追求国际大牌甚至全球奢侈品品牌，麦肯锡《中国奢侈品报告2019》显示，2018年中国消费者在境内外的奢侈品消费额达到7700亿元人民币，占全球奢侈品消费总额的三分之一。然而国内高端品牌培养不足，部分厂家选择了低附加值的贴牌生产，或者违反知识产权的山寨生产。

另一方面，在生产品消费领域，我国自有品牌建设更为困难。例如，我国在计算机的生态体系建设上落后于西方发达国家，不仅在上游芯片等核心环节上无法形成技术领先优势，缺乏市场份额，在产业链下游操作系统等领域，也没有得到市场青睐，尽管我国已经开始自主研发操作系统，但是 Unix 和 Linux、Windows、Android 和 IOS 等已分别在大型主机操作系统、个人计算机操作系统、移动终端操作系统等领域占据了绝大多数市场份额，我国尽管已经开始研发自主可控的操作系统，但在用户习惯培养、应用软件生态建设、上游采购谈判力等方面与头部企业均存在较大差距，市场积累有限。因此，为

培养现代产业体系的新优势，实体经济发展要以建立国内自主品牌为方向，提升国产品牌与国内外市场消费者需求的契合度。

第四节　构建新发展格局对我国经济发展提出的新要求

当今世界正经历百年未有之大变局，从国际环境来看，国际环境变化错综复杂，各国为在新一轮科技革命和产业变革中占有一席之地，广泛开展产业布局，除良性的竞争合作仍在艰难维持外，逆全球化、贸易主义抬头，也使得国际秩序更加混沌不清；从发展阶段来看，我国处于重要发展战略机遇期，经济由高速增长转向高质量发展，为应对时代发展的重大挑战，和迎接发展的重大机遇，质量变革、效率变革、动力变革势在必行。把握住发展战略机遇，构建新发展格局，对于我国经济建设亦提出了新的要求。

一　推动高水平的经济循环畅通，促进国内国际双循环

构建国内国际双循环相互促进的新发展格局，激发内需潜力、推动开放型经济向更高层次发展，成为我国经济发展的重要方向。发挥国内超大规模市场优势，实现以内促外，是符合经济发展规律的。我国作为拥有 14 亿人口、4 亿多中等收入群体的全球最大最有潜力市场，实体经济发展要与人民美好物质生活需求相适应。以产业升级带动消费升级，以质量效益激发

品牌价值，加快传统消费转型升级成为实体经济重要的发展趋势。特别是数字经济蓬勃发展，数字技术与实体经济深度融合，制造业加快数字化转型，智慧工厂、智能制造对于推动新型消费、满足消费者个性化需求具有较好作用。制造业和服务业的产业边界日趋模糊，只有依托制造业供应的高质量网络、存储、终端等硬件设备，服务业才能依托大数据、人工智能进行消费侧写，激发消费者个性化服务消费需求。服务业的快速发展，也进一步刺激了对于硬件设备的购买需求，并为智能制造提供数据支撑，形成制造业、服务业相互促进的良性生态。同时，国内市场培育，有助于我国在全球市场提升影响力，进而提升国际标准制定、国际规则设立的话语权，用中国标准影响世界标准，打造"你中有我、我中有你"的供应链生态，实现国内经济与国际经济相互促进。

二 实现高水平的对外开放，提振国际经济发展信心

受新冠肺炎疫情和逆全球化影响，国际经济发展疲软，我国作为世界第二经济大体，在严峻形势下保持经济正速增长，全方位的对外开放，对于带动国际经济复苏和提振各国经济发展信心具有重要作用。同时，深化国际分工合作也是提升国际竞争优势的战略决策。我国已成为世界排名第一的工业大国，500 种主要工业品中中国有 220 多种产量位居全球第一，世界230 多个国家和地区都能见到"中国制造"的身影。① 作为世

---

① 姚洋、杜大伟、黄益平：《中国 2049：走向世界经济强国》，北京大学出版社2020 年版，第 25—52 页。

界上唯一拥有联合国产业分类中全部工业门类的国家，我国在全球产业链的地位逐步深化。不可否认，深化国际合作的道路充满艰辛。一方面，西方主要国家民粹主义盛行、贸易保护主义抬头，逆全球化趋势出现，我国"引进来"和"走出去"的战略布局均受到阻碍。另一方面，我国制造业发展仍存在"大而不强"的问题，处于全球价值链中低端。2010年前，我国劳动力充足、劳动力成本廉价，这使得我国有劳动力要素的比较优势，作为"世界工厂"生产低附加值的产品；但伴随着我国传统人口红利消失，人才红利凸显，低附加值、劳动密集型"世界工厂"的发展模式已经不可取，我国亟须找到新型比较优势。新发展格局下，推动高水平对外开放不动摇，加快向高附加值、高技术密集型"世界工厂+世界市场"转变，方能提升我国在全球合作中的不可替代性。由此，高水平的对外开放意味着，在对外开放中构造人才、技术、创新等要素的新型比较优势，坚持制造立国、质量立国，实现制造业由大变强，提升我国在全球价值链中的地位，培育国际竞争新优势，促进国际大循环。

三　打造高水平的创新驱动，以科技谋发展

从国家战略来看，科技创新是抢占新一轮工业革命发展先机的重要抓手。历史经验表明，前三次工业革命中，大国崛起与技术进步密切相关，我国在前几轮变革中错失了技术领先的机遇。新一轮工业革命中，为在全球竞争格局中抢占一席之地，世界各国纷纷加快前沿技术研发，应用人工智能、大数据、物联网、区块链等颠覆式技术创新重塑产业体系；对于前

期投入成本高、发展意义重大的产业，各国亦加快探索政产学研发展模式，强化顶层设计和战略布局在战略性新兴产业发展中的作用。对于我国而言，"蒸汽时代""电气时代""信息时代"我国仅能跟跑或并跑，"智能时代"来临，依靠科技创新谋求发展，是提升社会生产力和抢占产业革命发展先机的重要途径。在节能减排、减污降碳等领域，应率先做好国有企业试点示范，在淘汰过剩产能和落后设备的同时，利用规模优势，加快探索新型能源友好接入、综合利用方案，进而为中小企业分享"碳达峰、碳中和"行动经验。同时，创新驱动不仅能引领技术变革和前沿产业发展，还能推进产业组织优化，通过加强前沿技术与实体经济深度融合，实现信息系统与物理系统的深度融合，以产业互联实现技术外溢和知识渗透，达到产业组织的网络化、协同化、平台化，推进制造智能、要素流通、配置高效、服务优化，进而催生新产业、新模式、新业态，实现我国高质量发展和人民福利水平提升。特别是，国有企业应成为重要的技术策源地，在技术变革和组织创新上贡献力量，广泛参与产业互联融通平台的搭建与实际应用，并起到龙头示范作用，丰富产业融通应用场景，为推进网络、平台、数据、安全体系建设提供实践经验。

第三章

构建新发展格局的国际经验

　　新发展格局自提出以来引起很大反响，"双循环"很快就成为舆论热词。在社会各界学习、研究和阐发的过程中，新发展格局的理论内涵、现实意义和历史纵深越来越明确地呈现出来。作为一种理论和战略，新发展格局具有很强的概括性和包容性，现代化和全球化的基本经济理论问题都可以在其框架下讨论；作为一种理论和战略，新发展格局具有很强的现实性、针对性和可操作性，除了对中国经济发展阶段做出准确判断，对中国经济主要挑战做出深刻分析，新发展格局也明确指出了中国经济下一步的行动方略；作为一种理论和战略，新发展格局以开阔的国际视野和深厚的历史背景为支撑，回顾大国经济崛起的历程，可以看到成功经济体如何构建内循环、协调双循环，从而实现经济现代化。

第一节　经济现代化是一种全球化现象

新发展格局是一种经济现代化理论和战略。经济现代化要通过现代经济增长来实现。现代经济增长是人均产出的持续增长，伴随着工业化、城市化等巨大的经济结构变化。[①] 现代经济增长肇始于 18 世纪的英国，此后逐步向全球扩散。迄今为止，能够取得高增长，顺利实现经济现代化的仍然只有少数国家。如表 3 - 1 所示，2019 年全球人口超过 500 万、人均 GDP 超过 2 万美元的国家只有 24 个，总人口 10.5 亿，是全球人口的七分之一。

在这 24 个国家中，除了传统工业强国外，还有新兴工业化国家、石油输出国和前社会主义国家。在经济全球化的大背景下，很快就会发现这些国家的共同特点：它们在全球分工体系中各居其位，没有一个国家能够离开全球经济而封闭、独立地实现经济现代化。这就引出了有意思的问题：全球化到底是实现经济现代化的充分条件还是必要条件？具体而言，第一个问题是，加入全球化进程是否必然进入增长通道，从而实现经济现代化？第二个问题是，不加入全球化进程是否必然不能触发增长进程，从而也不能实现经济现代化？考诸历史和现实，

---

① ［美］西蒙·库兹涅茨：《现代经济增长》，戴睿、易诚译，北京经济学院出版社 1989 年版。

第一个问题的答案显然是否定的，即全球化不是经济现代化的充分条件，拥抱全球化并不能保证必然实现经济现代化。第二个问题的答案很大程度上则是肯定的，即全球化是实现经济现代化的必要条件，想要实现经济现代化就必须加入全球化进程。

第二个问题可以从两方面论证。从现实逻辑看，表 3 - 1 提供了最好的例子。从历史逻辑和理论逻辑看，经济现代化本身就是一个全球现象，孕育和发展于国际经济大循环之中。它发端自欧洲的均势体系，通过不断将周边地区吸附裹挟其中而增长壮大，直至全球经济都进入其旋涡之中。任何世界帝国的武力扩张，均无法企及全球经济目前的疆域。经济因素跨越边界，通过世界范围的劳动分工，以更巧妙的方式将更多国家和地区紧密联系在一起。① 在这种整体视角下，工业化和经济现代化首先是一种全球化现象。离开全球经济和世界市场去谈一个国家的"工业革命"或"增长奇迹"，既不符合历史事实，也没有意义。即使是工业革命的发源地英国，其经济现代化进程也是深嵌于世界经济之中。正如雷诺兹所言，从 1700 年到 1900 年，欧洲扩张的大浪塑造了整个世界，而英国就是这次大浪中的弄潮儿。② 离开了国际经济大循环的大浪，任何国家都不能立于经济现代化的潮头。

----

① ［美］伊曼纽尔·沃勒斯坦：《现代世界体系》（第一、二、三、四卷），郭方等译，社会科学文献出版社 2013 年版。
② ［英］戴维·雷诺兹：《英国故事：从 11 世纪到脱欧动荡，千年历史的四重变奏》，廖平译，中信出版集团 2021 年版。

表 3 - 1　　　人均 GDP 超过 2 万美元的主要国家（2019 年）

排名	国家	人口数	人均 GDP（美元）	排名	国家	人口数	人均 GDP（美元）
1	瑞士	8574832	81994	13	加拿大	37589262	46195
2	挪威	5347896	75420	14	以色列	9053300	43592
3	美国	328239523	65298	15	阿联酋	9770529	43103
4	新加坡	5703569	65233	16	英国	66834405	42330
5	丹麦	5818553	60170	17	法国	67059887	40494
6	澳大利亚	25364307	55060	18	日本	126264931	40247
7	荷兰	17332850	52331	19	意大利	60297396	33228
8	瑞典	10285453	51615	20	韩国	51709098	31846
9	奥地利	8877067	50138	21	西班牙	47076781	29600
10	芬兰	5520314	48783	22	捷克	10669709	23495
11	德国	83132799	46445	23	葡萄牙	10269417	23252
12	比利时	11484055	46421	24	沙特	34268528	23140

资料来源：World Bank，作者计算。

我国的经济发展经验同样支持这一结论。习近平总书记明确指出："改革开放特别是加入世贸组织后，我国加入国际大循环，形成了市场和资源（如矿产资源）'两头在外'、形成'世界工厂'的发展模式，对我国抓住经济全球化机遇、快速提升经济实力、改善人民生活发挥了重要作用。"[1] 有很多研究都指出，改革开放后的前 30 年，我国外循环的地位持续提

---

[1]　习近平：《国家中长期经济社会发展战略若干重大问题》，《求是》2020 年第 21 期。

升，在促进增长、结构调整和技术进步等方面发挥了重要作用。[①] 可以说，如果不加入世界分工体系和全球价值链，我国就不可能取得当前的经济成就。

第二节　加入全球经济的自主性和策略性

全球化不是经济现代化的充分条件，加入全球分工也并不意味着必然实现经济现代化。其实，对任何国家而言，实现经济现代化都绝非易事。成功案例往往被冠以增长奇迹，可见寥寥无几。那么，这些全球化进程中的幸运儿何以成功？其他国家又何以失败呢？如果去掉全球化这个限定条件，这一问题就变成更一般化的国富国穷问题。为什么有些国家能够实现经济现代化，成为高收入富国，而有些国家却一直止步不前，迟迟不能摆脱贫穷？这是经济学研究最重要也最引人入胜的问题。自工业革命爆发，英国成功实现工业化以来，这个问题就持续困扰着一代又一代经济学人。

我们不打算全面综述这方面的观点和论述，而是首先要指出主流经济学研究在方法论上的偏颇，即通常以主权国家为基本研究单元，通过构建理论模型或者进行多国面板回归，来讨论影响经济增长的机制和因素。由于缺乏全球性的整体视角，

---

① 比如，江小涓、孟丽君：《内循环为主、外循环赋能与更高水平双循环——国际经验与中国实践》，《管理世界》2021 年第 1 期。

这些研究往往将国富国穷归因于主权国家的某种内部特征，比如地理位置、宗教文化、制度沿革，以至政治思想、意识形态等。20 世纪下半叶，在这种方法论的指引和国际组织的加持下，对国富国穷问题的认识和回答开始逐步聚焦。以自由贸易和资本自由流动为核心的经济全球化，夹杂着私有化和放松管制等主张，构成一股所向披靡的经济潮流。这一揽子政策及其背后强有力的意识形态，逐步演化为一种主权国家经济现代化行动指南。发展中国家似乎只要按部就班地予以实施，经济现代化就唾手可得。然而，事与愿违，事实证明这种后来被称作"华盛顿共识"的行动指南，并不能真正指导发展中国家实现经济现代化。一系列的新兴市场危机和随后的国际金融危机，不仅使得对全球化的不满从发展中经济体蔓延到发达经济体，也使得此前的理论共识和政策主张备受质疑。

由于全球化是这一行动指南的主要内容，于是就出现了对全球化的反思甚至逆全球化潮流。在"华盛顿共识"行动指南中，全球化实际上是给定的外部条件。发展中国家要做的是削足适履，用全球化的规则改造自身，然后才能拿到全球分工体系的入场券，并冀望借此实现经济现代化。可是，全球经济发展和全球化进程本身并非给定不变。在沃勒斯坦①眼里，全球化是诞生于几个世纪前的一个整体过程，有其自身的循环流转和发展变化。面对变动不居的国际经济大循环，主权国家的富

---

① ［美］伊曼纽尔·沃勒斯坦：《现代世界体系》（第一、二、三、四卷），郭方等译，社会科学文献出版社 2013 年版。

强之路要更为坎坷和复杂，在施政方面需要有更强的自主性和策略性，如此才能充分利用全球化，甚至驾驭全球化。如果只是被动接受全球化，不能以我为主、因时而动，那很可能就会被锁定在中心—外围关系和"依附"之中，陷入各种各样的"增长陷阱"。

罗德里克①强调自主性。在提出所谓"新三元悖论"②后，他主张在本国社会制度和经济利益与全球化冲突的时候，要以我为主，而不是无限地迎合全球化。施瓦茨③强调策略性。为了不被锁定在既有分工格局中，他强调后发展国家必须要从"李嘉图策略"④逐步转向"卡尔多策略"⑤。斯蒂格利茨⑥具有更为超脱的全局性观点，这可能和他在国际机构工作的经历有关。他认为，全球化的失败源于管理不善，全球化的利益没有得到公平、公正的分配，从而成为少数人牟利的工具。

总之，经济现代化是一种整体性的全球化现象，想要实现经济现代化就必须加入这一整体性过程，与全球脱钩的封闭经济尚无成功先例。同时，加入全球化进程，除了适应和顺应，

---

① ［美］丹尼·罗德里克：《全球化的悖论》，廖丽华译，中国人民大学出版社2011年版。

② 即民主政治、主权国家和经济全球化是不相容的，三者只可得其二，详见［美］丹尼·罗德里克《全球化的悖论》，廖丽华译，中国人民大学出版社2011年版。

③ ［美］赫尔曼·M.施瓦茨：《国家与市场：全球经济的兴起》，徐佳译，凤凰出版传媒集团、江苏人民出版社2008年版。

④ 指遵循比较优势原则，一国主要从事自身要素禀赋相对具有优势的产业和行业。

⑤ 指不囿于自身禀赋决定的既有比较优势，一国政府有意识地保护和鼓励出口导向的高科技制造业发展，以触发规模报酬递增，形成新的竞争优势，实现经济的持续增长。

⑥ ［美］约瑟夫·E.斯蒂格利茨：《全球化逆潮》，李杨、唐克、章添香等译，机械工业出版社2019年版。

最重要的是要保持自主性，采取正确的应对策略，如此才能摆脱"依附"和边缘化位置，实现分工位置的跃迁和经济持续增长。由于不能协调国内利益，保持生产和分配的平衡，维护自主、畅通的国内经济循环，从而导致失败的例子比比皆是。施瓦茨指出，作为工业化和经济现代化的后来者，想要实现经济发展面临重重困难和阻碍，是"一场艰难的赌博"。这就是所谓后工业化或后发展问题。经济现代化之所以困难，其核心在于对政府政策的苛刻要求。实现工业化和经济现代化的道路绝非坦途，需要的政策也绝非一成不变。在工业化的不同阶段，面对不同的国际环境，政府需要采取不同的政策和策略，这是一个"随着经济环境和政策变化而进行连续性重新设计的过程"①。

后发展的挑战还不止于此。后发展是在工业化国家（发达经济体）的配合和容忍之下发生的，因为工业化国家（发达经济体）往往受惠于后发展国家更廉价的低附加值工业品。随着后发展国家逐步向产业链和价值链高端攀升，二者之间实现互惠的机会开始逐步缩小，发生冲突的机会则大大增加。后发展国家汹涌的工业化进程，在带动全球经济增长的同时，也冲击着原有的全球利益和权力格局。对此，斯蒂格利茨②直言不讳：随着发达国家在全球 GDP 中所占份额不断下降，不可思议的

---

① ［美］斯蒂芬·S. 科恩、J. 布拉德福特·德隆：《务实经济学：美国政府与创业型经济重塑》，李华晶、朱建武译，中信出版集团 2016 年版。
② ［美］约瑟夫·E. 斯蒂格利茨：《全球化逆潮》，李杨、唐克、章添香等译，机械工业出版社 2019 年版。

是它们却依然占据着全球治理中的主导地位。在大国经济实力增长到一定程度，开始改变全球均势的时候，就需要重新制定规则，重建全球秩序。① 这是一个复杂而艰难的过程，但是对后发展国家而言，这不可推卸也无法避免。

第三节　周期交叠的国际经济大循环

前已述及，在经济现代化研究中存在一种方法论上的偏颇，即以主权国家为基本研究单元，很多时候有意无意地将全球经济视为给定的外部条件，而忽视其本身作为一个整体的发展和变化。将全球经济视为给定的外部条件，就会低估主权国家实现经济现代化的难度，从而简单将经济发展的成败归于国家的某种内部特质。然而，事实并非如此。自经济现代化发轫以来，在人类科学发展和技术进步的推动下，在主权国家构成的国家间体系的塑造下，全球经济经历了前所未有的迅猛发展和剧烈变化。科技革命带来经济发展的突飞猛进，在其动力耗尽时经济会陷入停滞和衰退。主权国家的经济崛起要顺应全球经济的发展和变化，而崛起的经济大国本身又会带来新的发展和变化。在经济力量和政治力量的此消彼长间，全球经济呈现出明显的周期交叠特征。沃勒斯坦强调两种周期，一种是经济

---

① ［美］亨利·基辛格：《世界秩序》，胡利平、林华、曹爱菊译，中信出版集团 2015 年版。

周期，一种是政治周期——"一种是康德拉季耶夫周期，长度大约为50—60年，是世界经济作为一个整体要经历的扩张和停滞周期。第二种主要的周期过程发生的要更缓慢一些。它是在国家间体系中霸权国家的兴起和衰落"。

康德拉季耶夫周期简称康波，以俄国经济学家康德拉季耶夫之名命名。他在20世纪20年代发现，主要西方经济体（比如英国、法国和美国）的价格、利率、外贸、煤炭和生铁产量等指标，其上升和下降有非常强的规律性，大约50年一个循环。许多经济学家发现了大致相同的规律性，并提出不同解释。最初的研究普遍以价格指标为核心，所以理论解释大多从货币入手，而康德拉季耶夫本人则偏重资本和投资的动态学。不过，此后的研究大多以熊彼特创新集群理论为基础，将康波与技术创新浪潮联系和对应起来。例如，第一波康波和纺织工业、蒸汽机技术相关，第二波和钢铁、铁路相关，第三波是电力和重型工程的时代，第四波是石油、汽车和大规模生产时代，当前的第五波是信息和电信时代，即将到来的第六波则可能与纳米技术和生物技术有关，等等。

表 3-2　　世界经济史上的五轮长波：18 世纪 80 年代末至 2010 年

长周期	周期阶段	起始年代	结束年代
第一波	A：上升	18 世纪 80 年代末到 90 年代初	1810—1817
	B：下降	1810—1817	1844—1851
第二波	A：上升	1844—1851	1870—1875
	B：下降	1870—1875	1890—1896

长周期	周期阶段	起始年代	结束年代
第三波	A：上升	1890—1896	1914—1920
	B：下降	1914—1920	1939—1950
第四波	A：上升	1939—1950	1968—1977
	B：下降	1968—1977	1984—1991
第五波	A：上升	1984—1991	2008—2010？
	B：下降	2008—2010？	？

资料来源：Korotayev, Andrey, and Leonid Grinin, 2014, " Kondratieff Waves in the Global Studies Perspective", in *Globalistics and Globalization Studies*：*Aspects & Dimensions of Global Views*, pp. 65 – 98.

　　表 3 - 2 的康波周期阶段划分以康德拉季耶夫、熊彼特以及后来很多经济学家的研究为基础，基本反映了学界的共识。从 1780 年至今的 240 年，被分成了 5 个康波，目前全球经济处于第五波的下降阶段。[①] 不同研究在周期的具体起始年代和代表性科技突破的认定上会有所不同，但总体而言都认为目前是第五波已近尾声，第六波即将开始的关键时期，新的科技浪潮呼之欲出。

　　其实，抛开康波的框架和周期划分，很多其他视角的研究

---

　　① 我国学界对康波也有关注，比如，陈漓高等结合荷兰经济学家范·杜因的研究，也对世界经济发展做了五轮长周期的划分。陈漓高、齐俊妍、韦军亮：《第五轮世界经济长波进入衰退期的趋势、原因和特点分析》，《世界经济研究》2009 年第 5 期。［荷］雅各布·J. 范·杜因：《创新随时间的波动》，外国经济学说研究会编《现代外国经济论文选》1986 年第 10 辑。

也都得出了相同的结论。比如，世界经济论坛创始人施瓦布①提出了"第四次工业革命"的概念。他认为，与此前的三次工业革命不同，第四次工业革命融合了各种技术，模糊了物理、数字和生物领域之间的界限，技术的变化比以往任何时候都要快。美国经济学家里夫金②则从低碳发展模式的视角出发，认为目前全球经济正在从第二次工业革命向第三次工业革命转变，前者以化石能源为基础，后者则以可再生能源为基础。布莱恩约弗森和麦卡菲③提出了"第二次机器革命"的概念，指出这个时代已经不再以增强人类肌肉力量的机器为特征，而是以增强人类思维能力的机器为特征。

除了科技创新浪潮导致的全球经济周期，沃勒斯坦还强调大国兴衰的全球政治周期。他认为，现代世界体系的发展史中已经存在过三个霸权国家：1648 年到 17 世纪 60 年代的荷兰，1815 年到 1848 年的英国，以及 1945 年到 1967/1973 年的美国。所谓霸权国家，是指一个国家能够将它的一揽子规则强加给国家间体系，并由此创建一种世界政治秩序。他指出："霸权国家提供一种对世界的设计。荷兰提供的是宗教宽容（在谁的领地信谁的宗教）、尊重国家主权（威斯特伐利亚条约）和开放海洋。英国提供的设计包括在欧洲建立以立宪议会制度为基础的

---

① ［德］克劳斯·施瓦布：《第四次工业革命》，世界经济论坛北京代表处、李菁译，中信出版集团 2016 年版。

② ［美］杰里米·里夫金：《第三次工业革命：新经济模式如何改变世界》，张体伟、孙豫宁译，中信出版社 2012 年版。

③ ［美］埃里克·布莱恩约弗森、安德鲁·麦卡菲：《第二次机器革命》，蒋永军译，中信出版集团 2016 年版。

自由主义国家、赋予'危险阶级'以政治权利、金本位制度和结束奴隶制。美国提供的是多党选举制度、人权、（温和的）非殖民化和资本的自由流动。"霸权国家从生产领域崛起，生产上的优势导致贸易上的优势，贸易上的优势导致金融上的优势，最后，经济上的优势又带来政治和文化的引领。霸权国家也必然衰落。其衰落从丧失生产领域的优势开始，然后丧失贸易领域的优势。金融控制和文化控制是其最后的防线，会持续较长时间，但是这些优势最终也会丧失。不过，衰落对霸权国家而言并非灾难，它还可以在很长时间内保持强国和富国的地位。

沃勒斯坦对所谓霸权国家的认定和时期划分算是一家之言。从其他历史学家的描述和分析看，[①] 自 1500 年以来全球大国兴衰的轮廓和结构要更为复杂。不过，自经济现代化进程从西欧萌芽以来，全球经济经历了许多大国的崛起和衰落，这一点毋庸置疑。这种大国兴衰的政治周期，叠加科技浪潮引领的经济周期，共同塑造了波涛汹涌的国际经济大循环。处于其中的主权国家，需要在不同情势下采取不同策略，在充分利用外循环市场和资源的同时规避其负面影响和冲击，借以不断畅通和扩大内循环，扩大本国市场、发展本国经济，从而顺利实现工业化和经济现代化，最终崛起为强有力的经济大国。抓住新一轮科技浪潮机遇的经济大国，在自身实现经济现代化的过程中，不但会引领和形塑新的产业革命，也会对全球治理和规则

---

① 比如，［美］查尔斯·P. 金德尔伯格：《世界经济霸权：1500—1990》，高祖贵译，商务印书馆 2003 年版；［美］保罗·肯尼迪：《大国的兴衰：1500—2000 年的经济变迁与军事冲突》，陈景彪等译，国际文化出版公司 2006 年版。

制定产生深远影响，从而也推动和重塑国际经济大循环。

第四节　构建内循环：财政现代化和发展制造业

面对经济周期和政治周期交错兴替的国际经济大循环，如果要加入其中以实现经济现代化，那么主权国家先要构建坚强、畅通的经济内循环。唯有如此，才能逐步提升本国在全球分工体系中的位置；唯有如此，才能保证在极端情况下本国经济能够维持安全运行；也唯有如此，本国才有可能抓住新一轮科技浪潮的机遇。在构建内循环的过程中，政府发挥着不可或缺的重要作用。而构建内循环主要有两个方面，一是财政现代化，二是发展制造业。

一　政府的作用

经济循环是指经济体内物资、能源、劳动力、资金以及信息等要素的交换、传递和流动。市场越大、分工越深化、科技越发达，经济循环就越复杂、越频繁。经济循环越通畅，经济运行的摩擦就越小，效率就越高。自给自足的小农经济，经济循环处在很低的水平。工业化和经济现代化将经济循环推升到前所未有的高度。经济循环需要和平的环境和良好运作的市场机制，也需要交通、通信和金融等基础设施，而这一切都要由政府来提供。在构建经济内循环的过程中，政府扮演着非常关键的角色。正如罗德里克所指出的，"市场和政府是互补的，二者缺一不可。如果一国希望市场发展得更快、更好，相应的政府治理应该更多、更好。政府治理不力的国家，市场运作一定也不好；政府管理有方的国家，市场也一定运作顺畅"。沃勒斯坦强烈反对新古典经济学鼓吹自由放任和小政府，认为这完全和历史事实不符。首先，自由企业意识和个人主义等意识形态直到18、19世纪才趋于成熟，在16世纪，"如果说当时流行着一种意识形态，那就是国家干预主义"。其次，即使在自由主义大行其道之后，其"总方针从来不是反对国家干预的"，相反，它"一直是披着个人主义羊皮的强政府意识形态"。

现代国家的建构是经济现代化的重要组成部分，在这一进程中政府权力持续增长，对经济和市场进行着强有力的规范、监管和干预。作为经济现代化成功者的典型代表，考察英国和美国的经济史就可以发现，强有力的政府治理对市场运作和经济发展至关重要。英国历代国王很早就建构起一套摆脱了地方排他主义的系统化的中央行政机关，在融合了贵族利益和商业利益之后，能够通过对生产环节强征赋税获取收入，而且政府有强大的信用能够通过发债融资。① 在其多次再版的经典教科书《美国经济史》中，休斯和凯恩②指出，美国经济史首先是联邦权力不断增强，政府对私人部门的干预越来越多，从而整个国家的经济联系越来越密切的历史。到1945年，美国经济

---

① ［美］赫尔曼·M.施瓦茨：《国家与市场：全球经济的兴起》，徐佳译，凤凰出版传媒集团、江苏人民出版社2008年版。
② ［美］乔纳森·休斯、路易斯·P.凯恩：《美国经济史》（第7版），邱晓燕、邢露等译，北京大学出版社2011年版。

力量的平衡永久改变，经济决策从私人决策为首转变成政府和政治的舞台。在 21 世纪开始之时，政府在经济中发挥的作用比历史上任何时候都更重要。对后发展国家而言，政府在经济发展中的作用就更为关键。格申克龙①指出，一个国家工业化得越晚，为工业化成功所必需的国家干预程度就越强。因为工业化得越晚，投入基础设施建设的门槛就越高，对政府协调内外循环的能力要求也就越高。

在"华盛顿共识"行动指南所向披靡的时期，相对于市场，政府的作用经常被忽视和贬低，只有少数经济学家敢于为政府的作用申辩。自国际金融危机爆发以来，随着全球经贸摩擦加剧和新冠肺炎疫情冲击，无论在理论界还是决策层，政府和市场之间的天平都开始向政府倾斜。罗德里克指出，后疫情时期全球经济有三大趋势，第一就是政府与市场关系将出现偏向政府的再平衡。②皮特森国际经济研究所（PIIE）的亚当·波森也认为，疫情将加速世界经济已经存在的四个趋势，其中之一即是经济上的国家主义。③

二　财政现代化

在构建经济内循环过程中，政府的作用不可或缺，而政府发挥作用依赖于其财政能力。因此，要实现经济现代化，先要

---

① ［美］亚历山大·格申克龙：《经济落后的历史透视》，张凤林译，商务印书馆 2012 年版。

② www. project-syndicate. org/commentary/three-trends-shaping-post-pandemic-global-e-conomy-by-dani-rodrik-2020-05.

③ foreignpolicy. com/2020/04/15/how-the-economy-will-look-after-the-coronavirus-pan-demic.

实现政府财政现代化。理查德·邦尼①指出，所谓现代"财政国家"，其核心就是政府具有持续稳定地从经济中获取大量收入的能力，也就是施瓦茨所说的，"在不损害经济长期增长的情况下从社会提取资源的能力"。图3-1显示的是英国和美国政府财政支出占GDP比重的长时段数据。作为经济现代化的成功范例，英国和美国都展示了卓越的财政能力。首先，这种能力具有持续性，政府可以长期稳定地从社会抽取资源而不损害经济增长；其次，这种能力具有弹性，即在极端情况下政府有能力获取大量收入，集中大量资源用于特殊目的。

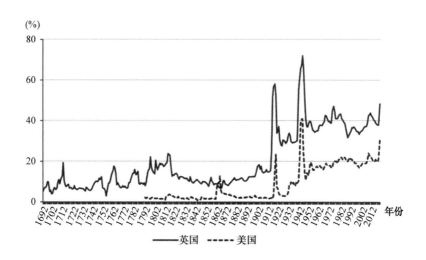

图3-1 英国和美国政府财政支出占GDP比重

资料来源：www.measuringworth.com，www.ukpublicspending.co.uk，Wind数据库及作者计算。

---

① ［英］理查德·邦尼主编：《经济系统与国家财政：现代欧洲财政国家的起源：13～18世纪》，沈国华译，上海财经大学出版社2018年版。

很多不同领域的研究者都非常强调财政革命对于英国、欧洲乃至整个全球经济现代化的重要意义。施瓦茨指出："英国主要通过对生产环节强征赋税获取收入，而不是取自对他人财富的寄生性搜刮。所以，只有英国拥有支撑其在全球范围内活动的持久稳定的财政根基。"在关于现代欧洲财政国家起源的一系列研究中，理查德·邦尼等人论述了"朝贡国家""领土国家""税收国家"和"财政国家"四种主要财政体制的历史沿革。他们特别强调，[①]"只有英国一个国家达到了'财政国家'比较高级的阶段，因此能够抵御军事超级大国的侵犯。先进的信贷结构与持续增长的财政能力的结合造就了当时在政治和经济方面独一无二的英国：英国在拿破仑战争结束后成为唯一的经济超级大国"。

如果说财政能力的持续性主要来自税收的话，那么财政能力的弹性则主要来自发行国债。强大、良好的政府信用是现代财政国家的主要特点。保罗·肯尼迪指出，18 世纪持续不断的战争是欧洲财政革命最持久的推动力，公债成为战争筹资的最重要手段。于是，"这种一边大量借钱，一边大量花钱的双向体制就像是一个风箱，给西方资本主义制度和民族国家本身的发展吹风打气"。理查德·邦尼[②]也指出，"债务堆积如山是现代国家的一种现象"，"到了 18 世纪，国家现代化能力的检

---

① ［英］理查德·邦尼主编：《欧洲财政国家的兴起：1200～1815 年》，沈国华译，上海财经大学出版社 2016 年版。

② ［英］理查德·邦尼主编：《经济系统与国家财政：现代欧洲财政国家的起源：13～18 世纪》，沈国华译，上海财经大学出版社 2018 年版。

验标准的确不仅仅是它积欠债务的能力，而且还在于为了使通货膨胀和经济增长的组合效应接近于允许借新债还旧债重组债务的能力"。图3-2显示的是英国和美国政府债务占GDP比重数据，图形呈现出明显的长周期特点。在18世纪到20世纪的300年间，英国政府债务占GDP比重经历了两个完整的周期，出现过两个高点，即拿破仑战争时期和两次世界大战时期。美国政府债务占GDP比重的第一个高点与英国的第二个高点同步。目前美国和英国都已经步入新的债务周期。总之，从历史经验看，英国和美国是极少数能够在数百年中有效利用国债并控制其规模的经济体。

英国是最早熟练利用国债融资的国家，实现了国债和产出的良性互动。英国古典经济学家麦克库洛赫指出："古代人通常习惯于在和平时期为战争进行积累，以囤积财富作为治理或防卫的手段。他们不习惯征税，更不习惯使用公共信用……但（他们）忽视了这样一个事实：在囤积财富的过程中，大量的资金被抽离了生产活动……出于这些原因，这种做法现在已经被普遍认为是建立在错误的原则上。"① 作为美国经济体制设计者的汉密尔顿，在1781年就明确指出："如果一个国家的债务不是多得过了头，那么，国债就是国家的福音。"② 美国联邦政府国债的创造性使用，不仅为建立一个崭新的、充满活力

① ［英］詹姆斯·麦克唐纳：《债务与国家的崛起：西方民主制度的金融起源》，杨宇光译，社会科学文献出版社2021年版。
② ［美］斯蒂芬·S. 科恩、J. 布拉德福特·德隆：《务实经济学：美国政府与创业型经济重塑》，李华晶、朱建武译，中信出版集团2016年版。

的金融市场奠定了基础，还为政府的生存和成功提供了丰厚的收益。国债在现代金融体系中扮演着关键角色，是经济循环的重要组件。一方面，它和货币具有同质性和同源性，是缔造信用和方便流通的工具；[①] 另一方面，作为价值储藏手段和抵押品，它也是经济运行中不可或缺的安全资产的主要来源。[②]

(%)

(年份)

——英国　-----美国

图 3 - 2　英国和美国政府债务占 GDP 比重

资料来源：www.measuringworth.com，www.ukpublicspending.co.uk，Wind 数据库及作者计算。

三　制造业：创新之源和循环之本

在世界经济发展史上，制造业格局的变化耐人寻味。如图3 -

---

① Sims, Christopher A., 2013, "Paper Money", *American Economic Review*, 103 (2)：563 - 84.

② Caballero, Ricardo J., Emmanuel Farhi, and Pierre-Olivier Gourinchas, 2017, "The Safe Assets Shortage Conundrum", *Journal of Economic Perspectives*, 31 (3)：29 - 46.

3 所示，在工业革命之前，中国制造业产值曾经占全球制造业产值的30%以上。工业革命使得英国异军突起，英国制造业产值最高时占全球制造业产值的20%以上。20世纪初，美国和德国同时向英国发起挑战，最终美国胜出，美国制造业产值最高时达到全球制造业产值的40%以上。第二次世界大战后日本和德国又开始同时挑战美国，日本的制造业产值一度赶上了美国。21世纪以来，中国制造业发展迅猛，2019年中国制造业产值占全球制造业产值的28.7%。

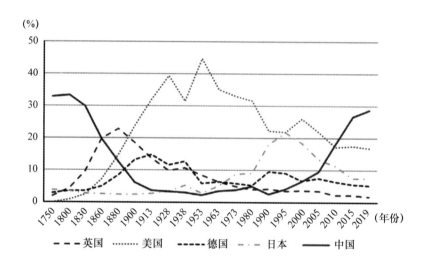

图3-3　主要国家制造业产值的相对份额（1750—2019年）

资料来源：Bairoch, Paul, 1983, "International Industrialization Levers from 1750 to 1980", *Journal of European Economic History*, 11（2）：269-333，世界银行（https://data.worldbank.org）及作者计算。

制造业的规模和质量是衡量大国经济实力和地位的重要指

标。首先，制造业是经济循环的根本。制造业发展是工业化的象征，也是工业化的本质。社会需要的几乎所有有形产品和物质产品，都来自制造业。经济循环所需的交通、通信基础设施，也要以强大的制造业为支撑。可以说，现代经济社会的正常运转，不可须臾离开制造业。其次，制造业是经济创新的源泉。现代经济的大多数创新都来自制造业，很多创新都需要制造业来承载。现代制造业本质上已经成为一种生态或者平台，离开了制造环节，很多创新和研发就成为无源之水。另外，很多制造业对脑力劳动者的需求已经超过了体力劳动者，制造业正在向知识密集型的方向转变。总之，制造业能力是一个经济体创新能力的重要保证。

作为工业革命的先行者，英国最早发展出成熟的制造业并率先实现工业化。凭借国内强大、先进的制造业，英国在很长时间内引领和推动着全球经济发展。在美国，汉密尔顿除了设计了国债和金融体系，他更加看重制造业的发展。汉密尔顿1791年撰写的《关于制造业的报告》，不仅重塑了美国经济，更在半个世纪后李斯特领导德国快速工业化中发挥了核心作用，此后又成为日本进行工业化的权威纲领。发展制造业对东亚经济体的成功至关重要，具有全球竞争力的制造业会彻底改变经济结构，使得经济体不会再倒退到早期发展阶段。[①]

2008年国际金融危机后，美国开始实施所谓制造业回流计

---

① ［英］乔·史塔威尔：《亚洲大趋势——中国和新兴经济体的未来》，蒋宗强译，中信出版社2014年版。

划。国际金融危机前有一种观点，认为制造业是无关紧要的低附加值、低技能活动，可以转移到低成本的离岸市场生产。随着国际金融危机爆发和此后的一系列发展，这一观点被证明不但是错误的，而且是危险的。① 制造业在一国经济中的地位正在被重新评估和定位，即使在所谓后工业化社会里，制造业也绝非无足轻重。制造业既是孕育和承载创新的源头，也是畅通经济循环的根本。

第五节　协调双循环：从"以外促内"到"以内促外"

大国经济从生产领域崛起，生产上的优势导致贸易上的优势。从历史经验看，制造业大国往往也是贸易大国，制造业强国往往也是贸易强国。强大、先进的制造业是货物出口的重要保障，而源源不断的出口也为制造业发展提供了更为广阔的市场。

图 3 - 4 显示的是不同时期制造业大国在世界货物出口市场所占份额。1900 年，英国、美国和德国都是货物出口大国。美国、德国其时正在挑战英国的制造业霸主地位，三国

---

① ［美］瓦克拉夫·斯米尔：《美国制造：国家繁荣为什么离不开制造业》，李凤海、刘寅龙译，机械工业出版社 2014 年版；［美］加里·皮萨诺、威利·史：《制造繁荣：美国为什么需要制造业复兴》，机械工业信息研究院译，机械工业出版社 2014 年版。

当时也都是制造业大国。在两次世界大战期间，德国的全球出口份额两次从 10% 以上下跌到 5% 以下，美国则两次从 10% 以上上升到 20% 以上，二者呈现出完美的负相关关系。战后两国的全球出口份额又同时恢复到 10% 以上的水平。英国的货物出口份额与图 3-3 的制造业产值份额一样，近百年来一直呈不断下滑态势。日本的制造业产值份额和货物出口份额都是在 20 世纪八九十年代达到高峰，此后开始下滑。21 世纪以来，中国在制造业产值份额不断攀升的同时，货物出口份额也在不断攀升，2020 年占全球的 15%。

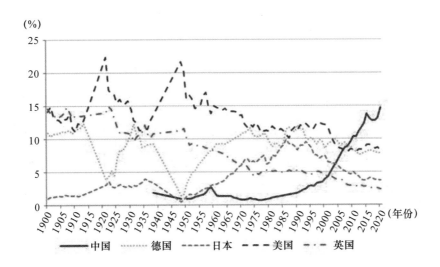

图 3-4 主要国家货物出口的相对份额（1900—2020 年）

资料来源：https：//unstats. un. org/unsd/trade/imts/Historical data 1900-1960. pdf，Wind 数据库及作者计算。

从大国经济崛起的历史看，制造业和货物出口的关系要更为微妙。首先，出人意料的是，高关税和贸易保护是制造业崛起的关键所在。史塔威尔强调，在工业化和经济现代化进程中，制造业和货物贸易是经济快速发展的动力之源。因此，政府需要通过保护和补贴引导具有企业家才能的人进入制造业，打造具有全球竞争力的大型制造企业。为了杜绝"寻租"行为，政府需要实施所谓"出口纪律"，即"政府连续性地评价、检验那些获得政府保护与补贴的国内制造企业，迫使企业发展出口贸易，参与全球竞争，依据企业出口业绩的高低来决定支持谁或不支持谁"。贸易保护和出口补贴是东亚地区经济崛起的关键。史塔威尔明确指出："贸易保护政策往往是富裕国家完全实现工业化的'入场券'。"对东亚而言，"这个大框架的合理性最先并非由东亚的决策者证明，而是日本人于19世纪在其他国家历史经验的基础上复制过来的"。确实，英国、美国和德国都深谙其道。德国历史学派先驱李斯特①早在1841年就指出了这一点，并且，他还指出在获得制造业优势之后，政府的贸易政策就会从保护主义转向鼓吹自由贸易，就好像爬上高峰就踢掉梯子一样。

其次，正如李斯特所言，在制造业真正崛起之后，政府的贸易政策就开始转向自由贸易。在19世纪的大部分时间里，英国绝对算不上自由贸易国家，它的关税要远高于法国。然而，当英国缓慢而不情愿地放弃保护主义的时候，它已经在制

---

① ［德］弗里德里希·李斯特：《政治经济学的国民体系》，陈万煦译，商务印书馆1961年版。

造业上取得了全球领先的地位。① 欧洲从 1860 年到 1879 年开始削减关税,英国在 1875 年实现零关税。从图 3 - 3 可知,当时正是英国制造业最为辉煌的时期。美国 200 多年的贸易政策指向三个目标:获取税收、保护幼稚产业和扩大出口,不同时期的不同侧重将其贸易政策划分成三个阶段。第一阶段从建国到南北战争,贸易政策的主要目的是获取关税收入;第二阶段从南北战争到大萧条时期,贸易政策的核心是限制进口保护国内产业;第三阶段从大萧条时期至今,贸易政策致力于推动取消关税和贸易壁垒,签订互惠贸易协定。② 如图 3 - 3 所示,正是从第三阶段开始,美国制造业在全球取得了举足轻重的地位,使得美国开始转换角色,摇身一变成为世界自由贸易的引领者。

这种政策转型和角色转换表明,国家的内外经济力量对比已经发生了明显变化。在国内经济力量相对弱小的时候,面对汹涌的国际经济大循环,政府需要通过保护和补贴来鼓励本国企业参与全球分工,达到"以外促内"的目的。在这一发展阶段,经济发展的重心在国外市场,本国企业需要从外部获得技术和资金,还要利用外部市场进行销售。在国内经济力量相对增强,尤其是制造业获得快速发展,构建起坚强的国内经济循环之后,政府就可以鼓励企业更为主动地加

---

① [美] 乔尔·莫克尔:《启蒙经济:英国经济史新论》,曾鑫、熊跃根译,中信出版集团 2020 年版。

② [美] 道格拉斯·欧文:《贸易的冲突:美国贸易政策 200 年》,余江、刁琳琳、陆殷莉译,中信出版集团 2019 年版。

入国际经济大循环，在全球生产中承担更大责任，也在全球分配中拥有更多话语权，实现"以内促外"。在这一发展阶段，经济发展的重心就会回到国内，政府要以"我"为主，充分利用国内的制造业力量和大市场来整合全球生产。施瓦茨指出："英国霸权从根本上是寄托于一个进口市场，这个市场达到足以引起合作并且促成英国的供应商按照英国喜好的方式重组他们的生产程序。"美国在其内外经济力量发生变化以后，对全球经济的重整要更为全面和彻底，持续的时间也更长。

最后，在新的制造业大国崛起之后，原先的自由贸易引领者往往会再次转换角色，重新回到贸易保护主义的倾向。1903 年英国保守党因为关税改革发生对立，起因是时任殖民大臣的约瑟夫·张伯伦坚信，面对美国和德国等竞争者的异军突起，英国必须放弃维多利亚时代的自由贸易信条而加征关税，以保护本国工业和巩固帝国。张伯伦的诉求并未达成，最终反而导致了保守党的分裂，而这一事件也被视作英国衰落的标志。

回顾大国经济崛起的历程可以看到，经济现代化是一种全球化现象，没有国家能够脱离全球经济而封闭、独立地实现经济现代化。离开了国际经济大循环的大浪，任何国家都不能立于经济现代化的潮头。然而，全球化并不是经济现代化的充分条件，加入全球分工并不意味着必然实现经济现代化。对任何国家而言，实现经济现代化都绝非易事，这是由国际经济大循环的周期叠加特征所决定的。最重要的是要在开放的同时保持自主性，采取正确的应对策略。通过财政现代化和发展制造业构建坚强的国内经济循环，在制造业取得优势后贸易政策从"以外促内"转向"以内促外"，协调双循环。在工业化和经济现代化进程中，政府一直扮演着非常关键的角色。就经济现代化而言，可以化用托尔斯泰《安娜·卡列尼娜》中的名句：成功的国家总是相似的，而失败的国家则各有各的失败。

中国在工业化和经济现代化进程中取得了巨大成就，这在制造业产值和货物贸易等各方面均有明确体现。在国内外经济力量对比发生明显变化之际，新发展格局是中国的必然战略选择。首先，构建新发展格局的关键在于经济循环的畅通无阻。大国经济的优势就是内部可循环。而要发挥这个优势，就要畅通国内大循环。国内循环越顺畅，越能形成对全球资源要素的引力场，越有利于形成参与国际竞争和合作的新优势。其次，构建新发展格局最本质的特征是实现高水平的自立自强。创新在我国现代化建设全局中处于核心地位，也是我国抓住新一轮科技革命浪潮的重要保证。最后，构建新发展格局，也要统筹好发展和安全。随着我国社会主要矛盾变化和国际力量对比深刻调整，必须增强忧患意识、坚持底线思维，随时准备应对更加复杂困难的局面。只有立足自身，把国内大循环畅通起来，才能任由国际风云变幻，始终充满朝气生存和发展下去。

理论家一直在探索更好的经济现代化和全球化路径和模

式。沃勒斯坦提出要建立"社会主义世界政府";阿里吉①提出要在世界文明更平等基础上建立世界市场社会;罗德里克指出,"下一阶段的全球化需要新的理论依据。我们对这套新理论的考虑越缜密,各国经济政策就越能健康发展";斯蒂格利茨则希望构建共享繁荣的公平全球化。在中国经济进入新发展阶段、贯彻新发展理念、构建新发展格局的同时,中国给出的方案是人类命运共同体:要平等协商,开创共赢共享的未来;要开放创新,开创发展繁荣的未来;要同舟共济,开创健康安全的未来;要坚守正义,开创互尊互鉴的未来。

---

① [意]乔万尼·阿里吉:《亚当·斯密在北京:21世纪的谱系》,路爱国、黄平、许安结译,社会科学文献出版社2009年版。

第四章

构建新发展格局的本质特征

我们首先从经济循环的概念和理论逻辑的视角阐述新发展格局，进而构建供给端和需求端的国际国内循环测度指标和基于全球价值链的国内国际循环 GDP 分解新方法，并利用全球投入产出数据库（World Input-Output Database，WIOD）进行了实证测算分析。在此基础上，诠释了新发展格局的本质特征。

第一节　中国经济国内国际循环测度

一　经济学中循环概念及分析逻辑

新发展格局的关键词是"经济循环"。经济活动本质是一个基于经济分工和价值增值的信息、资金和商品（含服务）在居民、企业和政府等不同主体之间流动循环的过程。经济循环的概念最早可追溯到弗朗斯瓦·魁奈的《经济表》中的循环思想。作为法国古典政治经济学的著名代表人物和重农学派的创始人，弗朗斯瓦·魁奈在经济思想史上最具影响的著作是《经济表》。马克思把《经济表》中的再生产循环原理赞誉为"重农学派的最大功劳"，是"政治经济学至今所提出的一切思想中最有天才的思想"。恩格斯将它称为经济学上的"司芬克斯之谜"。《经济表》分析方法一定意义上是现代国民经济核算的思想源泉，也是投入产出表和一般均衡分析的理论渊源。马克思在创建无产阶级政治经济学过程中，尤其在研究社会总资本的再生产和流通问题时，对《经济表》作了反复和透彻的研究，充分肯定了它的成就和地位，同时也明确指出其中的缺陷和不足。

虽然《资本论》中没有直接谈及"双循环"的概念，但马克思多次使用和谈及循环。实际上，马克思从资本循环的角度对经济循环进行了相关阐述，也成为以国内大循环为主体、国际国内双循环新发展格局观点的理论支撑。马克思在《资本论》第 1 卷中提到，从生产过程来看，资本家利用手中的货币购买包括劳动力在内的生产要素，由此开启资本生产过程，连续不断的生产过程构成了资本循环，这也正是《资本论》第 1 卷有"资本的生产过程"这一副标题的逻辑所在。其中，产业资本的循环是包括货币资本、生产资本和商品资本空间上并存和时间上继起的闭环过程，即 $G-W\cdots P\cdots W'-G'$（其中 G、P 和 W 分别表示货币资本、生产资本和商品资本）。从空间上来说，这三类资本必须同时存在，以满足循环所需的条件；从时间上来说，这三类资本的循环必须保持前后有序衔接。因此，只有在时间和空间两个维度上满足这个条件，资本循环才称得上是有效的。具体而言，它包括货币资本、生产资本和商品资本三个方面的循环过程，并且彼此互相依赖、互相关联。货币资本的循环体现出货币职能和资本职能的双重特征，不仅以"一般等价物"的形式出现在流通过程中，而且以资本的形态向生产资本转化执行生产额外剩余价值的职能；生产资本循环集中体现了生产过程环节，不仅包括劳动过程，即资本与劳动力按照一定的技术比例或有机构成进行组合，同时也包括价值形成过程和价值增值过程，体现出资本家生产的最终目的；商品资本是生产过程的成果，具有一定的使用价值，以便作为下一个流通过程的起点与货币或者货币资本相对立，进而进入下一个生产过程或最终的消费过程。马克思认为，生产过程决定流通过程，流通过程是为生产过程服务的，这也是他在经济领域构建辩证唯物主义哲学的具体体现。因此，资本在自身循环过程中将生产、消费、分配和交换四个环节纳入其中，成为宏观经济有效运行的重要基石。反言之，其中任何一类资本循环出现梗阻，比如商品资本无法实现"惊险的跳跃"转化为货币资本，则表现为商品积压；货币资本无法购买商品资本，则表现为生产过程的预备阶段不顺畅，进而影响社会简单再生产和扩大再生产，由此则会影响整体的资本循环过程，从而导致宏观经济出现各种问题。由此推演，资本在世界范围内进行的循环过程，使得三个子循环以及生产过程、流通过程在更大的范围内和更高的层次上完成循环，从而实现自身增值的资本逻辑，这同时也是双循环得以实现的重要基础。

总之，马克思《资本论》中提出社会再生产理论，将社会再生产过程描述为由生产、分配、交换和消费等环节构成的经济循环，还给出了生产资本循环从货币转换为商品、从购买商品到生产出新商品、从新商品再转换为货币的三个过程和公式。从经济循环角度来刻画新发展格局，一方面抓住了经济运行的本质特征，另一方面也进一步丰富和发展了当代马克思主义政治经济学。

基于经济表的思想，里昂惕夫对经济循环也进行了深入分析，并在此基础上构建了一套投入产出表数据和投入产出分析方法。里昂惕夫在《循环流动的经济》一文中阐述投入产出理论时指出，在任何经济系统中，个体要素之间的关系往往存在一定的因果联系。[①] 在生产过程中某一要素由其他要素生产出来，又被进一步的生产过程所使用与消耗。这样整个经济现象存在多种多样的因果关系，在某一特定商品的生产中可能使用多个部门的投入，而反过来一种商品也同样被用于多个部门的生产过程中，这形成了复杂的相互联系的生产网络系统。正是由于这种生产网络的复杂结构关系，循环这一概念和分析方法应运而生。在可视化的层面，经济联系系统可以视为一条长循环路径。沿着这条路径，它产生许多分支，其中一些以各种形式交织在一起，一些分支也可能指向非经济领域。

因此，作为研究者，我们研究这种经济循环，需要从循环

① Paul A. Samuelson, 1991, "Leontief's 'The Economy as a Circular Flow': An Introduction", *Structural Change and Economic Dynamics*, 2: 177 – 179.

中找到一个切入点，也就是找到起始点，从起始点沿着循环分析经济联系的因果关系，最后返回到起始点，也即落脚点。循环分析方法要求我们重点考察和分析那些返回到初始起点的一系列经济关系。从而形成对完整循环的认识和理论，进而指导实践。

对于形成闭环的循环，需要找到圆环的切口作为分析的起始点，也是分析的落脚点。以最终需求作为起始点，同时也以此作为落脚点的循环分析方法，恰好与凯恩斯宏观经济的总需求管理理论的逻辑框架一致。相对于强调经济需求的凯恩斯主义而言，着重从供给方面考察经济现状和经济对策的供给学派的循环分析起始点和落脚点是生产供给侧。因此，经济循环的主要活动包括生产、分配、流通、消费。实现经济循环，其前提是供需对接，循环中起始点（也是落脚点）可从需求出发，也可从供给出发。从经济循环的视角出发，经济循环的内外可根据经济活动的范围做区分，当经济循环发生在封闭空间时，可称之为国内循环；当经济循环发生在外部时，则称之为国际循环。内外循环的一般特征为相互联系、彼此依赖。就"循环"一词本身来讲，其所阐述的是一种经济发展格局，经济循环的本质体现的是供需对接。无论是从传统西方经济学"市场出清"理论的分析框架看，抑或是从马克思主义政治经济学社会再生产四大环节的角度进行分析，经济发展自始至终都是一个动态的循环过程。但这一循环过程不应是原地不动的"内卷化"流转，而应是一种螺旋式的循环上升。

基于此，我们将分别以供给侧和需求侧作为分析起点来剖析"新发展格局"。进一步从全球价值链中增加值分解的视角审视双循环的变化趋势，主要通过最新的全球价值链核算框架对 GDP 进行依赖于国内循环和国际循环的分解分析。

二 国内大循环

（一）本国生产产品的国内需求情况

1. 最终品的国内最终需求率。一般来说，本国生产的最终品既可以用作国内最终需求，也可用于国外的最终需求。因此，我们定义的中国最终品的国内需求率为中国国内最终需求部门对中国生产的最终品需求额与中国生产的所有最终品价值额的比值。中国最终品的国内需求率越大，反映中国生产的最终品越依赖国内最终需求。表 4 - 1 显示了中国最终品的国内需求率情况。（1）从中国整体来看，2000—2014 年中国最终品的国内需求率呈阶段性特征，2000—2007 年呈下降趋势，而 2008—2010 年出现快速上升，而后到 2014 年相对平稳，略有上升趋势。（2）中国制造业最终产品高度依赖于国际循环。制造业最终品的国内需求率最低，低于 70%，且呈现先下降后上升趋势，与中国整体最终品的国内需求率的变化趋势相同。这说明 2008 年国际金融危机后，中国制造业出现了明显的内需化趋势，中国整体内需化主要是由制造业内需化推动的。（3）中国农业和服务业最终品的国内需求率相对较高，约 98%，且 2000—2014 年基本上无变化。而采矿业的最终品的国内需求率一直呈下降趋势。

表4-1   2000—2014年中国最终品的国内需求率   单位：%

年份	农业	矿业	制造业	服务业	总体
2000	98.81	97.78	68.87	97.40	88.37
2001	98.75	97.71	69.04	97.48	81.71
2002	98.51	98.78	65.66	97.33	87.63
2003	98.04	97.29	60.23	97.56	85.29
2004	98.15	95.58	55.93	97.33	83.10
2005	97.79	93.21	52.10	97.32	81.12
2006	97.12	92.69	49.81	97.05	79.92
2007	97.49	87.41	51.49	97.08	80.43
2008	97.86	83.64	57.05	96.82	82.55
2009	97.59	86.42	64.23	97.49	86.20
2010	97.47	82.31	62.66	97.49	85.42
2011	97.65	80.80	65.09	97.52	86.36
2012	98.06	80.90	66.59	97.61	87.08
2013	97.91	79.30	68.44	97.92	88.05
2014	98.12	80.21	68.54	98.05	88.51

资料来源：笔者计算得出。

图4-1展示了主要国家（地区）的最终品的国内需求率情况。美国、日本、俄罗斯等国家的最终品的国内需求率较高，且变化不大，经济的内需化特征非常明显。中国和德国的最终品的国内需求率是最低的，且德国的最终品国内需求率基本上一直呈下降趋势。总体层面，中国生产的最终品的内需化水平在2014年已经超过意大利，逼近法国、英国和加拿大。中国生产的最终品的内需化程度处于中等偏上水平，且略呈上升趋势。

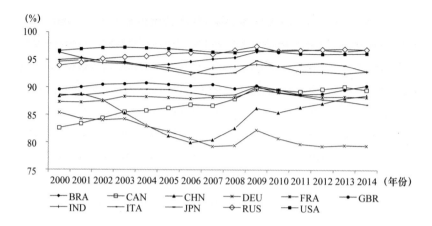

图 4-1 2000—2014 年主要国家的最终品的国内需求率

注：BRA：巴西；CAN：加拿大；CHN：中国；DEU：德国；FRA：法国；GBR：
英国；IND：印度；ITA：意大利；JPN：日本；RUS：俄罗斯；USA：美国。下同。

资料来源：笔者计算得出。

从制造业最终品的国内需求率情况来看（见表 4-2），总体上制造业最终品的国内需求率比整体最终品的国内需求率低，但两者的变化趋势基本相似。加拿大、德国、法国和英国的制造业最终品的国内需求率相对较低，而美国、俄罗斯、印度等大国的制造业最终品的国内需求率都比较高。美国、俄罗斯、印度等大国的制造业最终品的国内需求率都高于中国，在一定意义上，中国制造业最终品对内循环的依赖相对较弱，但增长趋势明显。相对于西方发达经济体，中国制造业最终品对国内市场的依赖还有一定提升空间，中国以国内需求主导的经济发展格局具有进一步提升的空间和现实基础。

表4-2　　　　主要国家制造业最终品的国内需求率　　　单位:%

年份	2000	2003	2006	2008	2009	2010	2012	2014
BRA	88.47	82.65	83.66	86.99	88.92	89.95	89.44	89.56
CAN	31.79	36.12	40.70	45.61	52.29	52.73	49.79	49.69
CHN	68.87	60.23	49.81	57.05	64.23	62.66	66.59	68.54
DEU	55.78	51.00	44.70	42.43	42.75	42.13	40.38	39.11
FRA	50.91	49.69	45.89	45.78	45.75	44.50	42.54	40.74
GBR	57.55	56.13	54.80	48.88	50.87	45.41	45.18	53.32
IND	87.91	87.99	87.37	90.30	89.27	89.76	87.79	85.86
ITA	65.53	65.13	63.23	61.73	60.39	55.03	48.82	45.02
JPN	79.09	75.76	70.87	72.01	76.85	73.76	75.35	67.14
RUS	87.76	90.75	92.38	92.75	92.10	92.48	91.26	87.97
USA	85.88	87.18	85.32	82.71	84.04	83.84	83.07	83.77

资料来源:笔者计算得出。

2. 中间品的国内需求率。一般来说，一国（地区）生产的中间品一部分作为国内生产者的中间投入使用，一部分作为国外生产者的中间投入使用，这样我们定义一国中间品的国内需求率为本国使用的国内中间品额占该国生产的中间品总额的比重。中间品的国内需求率越大，从需求角度来看，反映该国中间品生产越依赖国内需求。图4-2显示了中国中间品的国内需求率情况。（1）从整体来看，2000—2014年中国中间品的国内需求率呈阶段性特征，2000—2006年呈下降趋势，2008—2009年呈现快速上升，2010年有所下降，之后趋于相对平稳。（2）相对于农业、服务业和采矿业部门，制造业中间品的国内需求率最低，最低达到88.9%（2006年），之后又呈

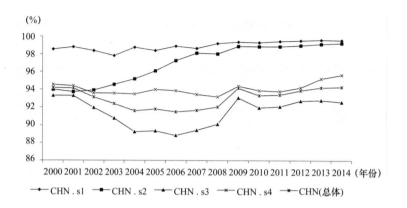

图 4-2 2000—2014 年中国各行业中间品的国内需求率

注：s1 表示农业部门，s2 表示采矿业，s3 表示制造业，s4 表示服务业。下同。

资料来源：笔者计算得出。

上升趋势，与中国整体的中间品的国内需求率变动趋势基本一致，也与中国整体的最终品的国内需求率变动趋势基本一致。相对于农业、服务业、采矿业部门，制造业中间品的国内需求率最低，一定程度上反映了中国制造业深度参与全球价值链，制造业中间品有相当一部分向国外生产者提供，相对依赖于国际生产循环。（3）中国农业部门的中间品国内需求率最高，2014 年达到 99.5%；服务业中间品的国内需求率也基本保持稳定，维持在 89%—93%；采矿业中间品的国内需求率持续上升，2014 年达到 99.2%，中国作为制造业大国，对原材料和初级产品的需求旺盛，这一变动合乎常理。

图 4-3 显示了主要国家制造业的中间品的国内需求率。除加拿大和英国以外，美国、日本、德国等国家的中间品国内需求率呈下降趋势，尤其是德国和意大利，其为全球供给高端

中间品的能力较强。反观中国、印度、巴西和俄罗斯等"金砖国家"，中间品的国内需求率处于高位，中国在所有国家中最高，发展中国家的中间品绝大部分供给本国使用，主要依赖于国内需求和内循环。这一定程度上反映中国生产的中间品供给国际市场的能力较弱，中间品的国际竞争力相对弱。

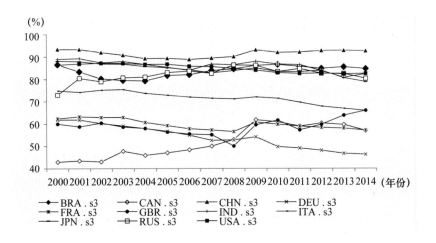

图 4-3　2000—2014 年主要国家制造业的中间品的国内需求率

资料来源：笔者计算得出。

（二）本国使用中间投入品的国内供给情况

从产品生产过程来看，生产投入包括初始要素投入和中间品投入。中间品投入又可分为来自国内的中间品和来自国外的中间品投入。初始要素一般仅限于在本国的经济领土上，属于内循环。而对于中间品投入有一部分可能来自国外。因此，我们可以以本国生产过程中使用的中间品投入额中来自国内企业生产的中间品投入额的比重大小，来衡量经济生产依赖国内外供给的程度。具体定义中间品投入的本国供给率为该国生产过程中来自国内中间品投入额占总中间品投入额的比值。

图4-4显示了中国中间品投入的本国供给率情况。（1）中国各行业中间品投入的本国供给率从低到高依次为制造业、采矿业、服务业和农业。制造业生产过程的中间品投入对国外中间品的依赖性相对较强，也就是说，一定程度上反映制造业的生产投入的中间品相对依赖于外循环。（2）从变化趋势来看，中间品投入的本国供给率呈阶段性变化趋势，2000—2007年，中间品投入的本国供给率总体上呈下降趋势，而后在2008年国际金融危机后出现了快速上升，在短暂下降后出现稳步上升，除采矿业外的其他行业均已上升到或超过加入WTO之前的中间品投入的本国供给率的水平。这些历史变动趋势说明，中国自1988年以来持续参与国际大循环，对国内循环形成拉动效应的同时，推动中国的工业化进程，中国已成为拥有联合国产业门类最齐全的国家，工业体系完善，中国生产的中间品对外国中间品的替代能力逐渐增强。但不可否认的是，以工业"四基"为代表的产业基础还比较薄弱，核心技术受制于人的现状短期难以改变。[①]（3）从与主要国家的国际比较来看（见图4-5），中国制造业中间品投入的本国供给率最高，且在2006年以后呈上升趋势，而其他发展中国家和多数发达国家则是下降趋势。2008年国际金融危机后，全球价值

---

① 黄群慧、倪红福：《基于价值链理论的产业基础能力与产业链水平提升研究》，《经济体制改革》2020年第5期。

链扩张已经陷入停滞，中国生产转向依赖于国内生产提供的中间品。

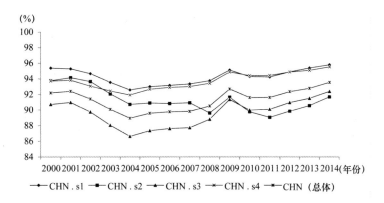

图 4 - 4　2000—2014 年中国中间品投入的本国供给率

资料来源：笔者计算得出。

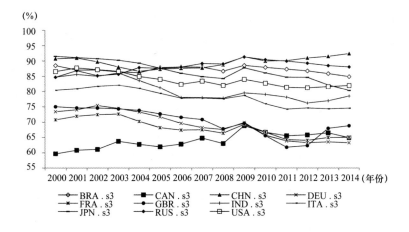

图 4 - 5　2000—2014 年主要国家制造业中间品投入的本国供给率

资料来源：笔者计算得出。

三 国际循环

（一）国外需求端

相对于最终品的国内需求率，最终品的国外需求率定义为出口到国外的最终需求额与总最终产品额的比值。最终品的国外需求率越高，表明中国最终品对外循环的依赖程度越大。同理，相对中间品的国内需求率，将中间品的国外需求率定义为供外国使用的中间品额与中国生产的总中间品的比值。中间品的国外需求率越高，表明中国中间品对外循环的依赖程度越大。

表 4-3 显示了中国最终品的国外需求率和中国中间品的国外需求率。（1）与国内需求率相反，从中国整体来看，国外需求率在 2006 年达到顶峰，随后呈下降趋势。但值得注意的是，在 2014 年，发达国家已经不再是中国最终品的最大国外需求目的地，发展中国家对中国最终品的需求超过了发达国家。这意味着，随着发展中国家的消费市场逐渐成长起来，中国最终品的发展中国家的需求率将更高。（2）中国中间品的国外需求率在 2000—2014 年呈先上升后下降的趋势，且这一比率在 2006 年前后达到最大值，随后下降，总体层面 2014 年下降到加入 WTO 之前的水平。值得注意的是，中国中间品的发展中国家需求率在 2007 年已经超过中国中间品的发达国家需求率，且二者差距在缓慢拉大。这同样意味着在总量层面，中国的中间品的外部需求，更依赖于发展中国家。（3）相对而言，中国最终品的国外需求率明显高于中国中间品的国外需求率，中国的最终品相比于中间品在国际市场更具有优势。美国

作为全球最大消费市场，对中国最终品的国外需求率有很大影响，2014 年中国最终品的美国需求率为 2.1%，占中国最终品的发达国家需求率的比重为 37.5%，且这两个比重在其他年份更高，即最终品的国外需求对美国的依赖程度有所下降，这预示着中国最终品的国外需求结构改善，需求目的地更加多元化，逐渐弱化美国市场的影响。美国对中国中间品的需求也占据较大比重，中国中间品的发达国家需求率约 20% 来自美国。总之，美国是对中国产品的外部需求影响最大的国家。

表 4 - 3　　2000—2014 年中国最终品和中间品的国外需求率　　单位:%

年份	中国最终品的国外需求率				中国中间品的国外需求率			
	总体	发展中国家（地区）	发达国家（地区）	美国	总体	发展中国家（地区）	发达国家（地区）	美国
2000	11.6	4.1	7.6	2.9	5.8	2.7	3.1	0.7
2001	11.2	3.9	7.3	2.8	5.9	2.9	3.0	0.7
2002	12.4	4.3	8.0	3.3	6.9	3.6	3.3	0.8
2003	14.7	5.0	9.7	3.8	7.6	3.8	3.8	0.9
2004	16.9	5.9	11.0	4.3	8.4	4.0	4.4	1.0
2005	18.9	6.6	12.2	5.0	8.2	3.8	4.4	1.0
2006	20.1	7.9	12.2	4.9	8.5	4.2	4.3	1.1
2007	19.6	8.1	11.5	4.5	8.3	4.2	4.1	0.9
2008	17.5	7.7	9.8	3.6	8.0	4.0	3.9	0.8
2009	13.8	6.1	7.8	3.0	5.8	3.1	2.7	0.6
2010	14.6	6.7	7.8	3.1	6.7	3.5	3.1	0.6
2011	13.6	6.6	7.1	2.6	6.6	3.6	3.1	0.6

续表

年份	中国最终品的国外需求率				中国中间品的国外需求率			
	总体	发展中国家（地区）	发达国家（地区）	美国	总体	发展中国家（地区）	发达国家（地区）	美国
2012	12.9	6.4	6.5	2.6	6.1	3.5	2.6	0.5
2013	12.0	6.0	5.9	2.1	5.8	3.2	2.6	0.6
2014	11.5	5.9	5.6	2.1	5.7	3.2	2.5	0.6

资料来源：笔者计算得出。

（二）国外供给端

最终品需求的国外供给率，我们将其定义为进口的最终需求额除以本国的总最终需求额。最终品需求的国外供给率越大，中国对国外的最终品的依赖程度越大。同理，中间投入品需求的国外供给率，定义为进口的中间品额除以总中间品投入。中间品需求的国外供给率越大，则中国对国外的中间品的依赖程度越大。表4-4显示了中国最终品需求的国外供给率和中国中间品需求的国外供给率。总体上，中国最终品需求的发达国家供给率和发展中国家供给率经历先上升后下降的趋势，同样在2006年前后达到最大值，随后下降。其中发展中国家供给率在2006年后缓慢下降，2014年为1.5%，发达国家供给率在2006年下降速度较快，2014年为3.3%，但后者远高于前者。这说明中国最终品使用对外部依赖逐渐下降，在有限的最终需求国外供给中，发展中国家所生产的产品并不能接替满足中国的最终需求，在这一点上发达国家更具优势。对于中间品的国外供给率变动趋势，中间品的发展中国家供给率和发达国家供给率均表现为先上升后下降的趋势，与最终品的国外供给率不同的是，中间品的发展中国家供给率在 2010 年超过发达国家供给率。这说明中国对发展中国家的中间品需求逐渐增强，而对发达国家的中间品需求出现明显的下降趋势。究其原因，可能是中国工业体系能力的提升，在一些中间品上对发达国家的产品形成替代，但也随着本国要素价格的上涨，增加了对发展中国家的低端中间品的进口。

总之，我们利用 WIOD 数据，从需求端的国内外需求率和供给端的国内外供给率对中国经济循环的依赖关系进行了分析。但这种分析没有深入到内外循环对一国经济 GDP 的贡献。为此，接下来我们将利用全球价值链的分解方法，试图区分国际循环和国内循环对 GDP 的贡献。

表 4－4　　　　2000—2014 年中国最终品需求和

中间品需求的国外供给率　　　　单位:%

年份	中国最终品需求的国外供给率				中国中间品需求的国外供给率			
	总体	发展中国家（地区）	发达国家（地区）	美国	总体	发展中国家（地区）	发达国家（地区）	美国
2000	5.3	2.1	3.1	0.5	7.8	3.8	4.0	0.3
2001	5.6	2.2	3.4	0.6	7.6	3.6	4.0	0.4
2002	6.3	2.3	4.0	0.5	8.6	4.1	4.5	0.4
2003	7.6	2.6	5.0	0.5	9.9	4.6	5.3	0.4
2004	8.5	2.7	5.7	0.6	11.0	5.1	5.9	0.5
2005	8.4	2.6	5.8	0.6	10.4	5.1	5.3	0.5
2006	8.5	2.7	5.7	0.7	10.2	5.2	5.0	0.5
2007	6.4	1.8	4.6	0.6	10.2	5.0	5.2	0.5

续表

年份	中国最终品需求的国外供给率				中国中间品需求的国外供给率			
	总体	发展中国家（地区）	发达国家（地区）	美国	总体	发展中国家（地区）	发达国家（地区）	美国
2008	5.8	1.6	4.1	0.5	9.5	4.7	4.7	0.5
2009	5.4	1.5	3.9	0.5	7.3	3.6	3.7	0.4
2010	6.1	1.7	4.5	0.5	8.4	4.5	3.9	0.4
2011	6.1	1.8	4.3	0.5	8.4	4.9	3.5	0.4
2012	5.5	1.8	3.7	0.5	7.6	4.6	3.0	0.4
2013	4.9	1.5	3.3	0.5	7.2	4.3	2.9	0.3
2014	4.8	1.5	3.3	0.5	6.4	3.7	2.8	0.3

资料来源：笔者计算得出。

第二节 中国 GDP 国内国际循环分解与国际比较

一 基于全球价值链的国内国际循环分解方法

随着全球价值链的深入发展，国民经济核算中一些概念和测度方法已经难以充分描述和解释国际贸易模式，[1] 尤其是国内国际循环对经济的贡献大小。近年来，涌现了大量基于全球投入产出模型的贸易增加值来源分解和增加值贸易核算的研究，这些研究的核心是把增加值贸易流量与总值出口贸易流量

---

[1] 中间品贸易（据统计全球贸易中近 2/3 属于中间品贸易）导致"重复统计"问题。

区分开来,这与国民经济核算中区分增加值(GDP)和总产出类似,且为了识别国际贸易中增加值的来源地和目的地。

根据穆拉多夫对里昂惕夫逆矩阵(B)的结构分解,我们可以对一国 GDP 按国内循环和国际循环生产结构分解,共分为四大项。[①](1)T1 项,国内最终品生产的国内简单循环的直接增加值,即最终品最后生产阶段中直接国内增加值。增加值传递到国内最终需求产品,无中间品生产传递阶段,无跨境传递。这一生产过程主要是国内简单的生产循环。故可称为纯国内简单循环生产的 GDP。(2)T2 项,国内最终品生产的国内复杂循环的间接增加值,即国内最终品在国内生产过程中通过中间品投入循环而形成的间接增加值。本国增加值仅通过供应国内中间品阶段传递到国内最终产品。在增加值传递过程中,仅且至少传递一次国内中间品生产阶段,无跨境传递阶段。故可称为国内复杂循环生产的 GDP。(3)T3 项,国际最终品生产的简单国际循环的增加值。从增加值产生地视角来看,即出口的中间品中隐含的增加值,且这些出口的中间品被贸易伙伴国企业用来生产最终品。在增加值传递过程中,至少经历一次中间品阶段和一次跨境阶段。因此,可以称为简单国际循环生产的 GDP。(4)T4 项,国际最终品生产的国际复杂循环的增加值。从增加值产生地视角来看,即隐含在国内生产的中间品中的增加值,且用这些中间品生产的产品再出口到贸

---

① Muradov, K., 2016, "Structure and Length of Value Chains", https://ssrn.com/abstract = 3054155.

易伙伴国（直接或间接贸易伙伴国），贸易伙伴国用来生产最终品。在增加值传递到最终品的过程中，至少需要经历两次中间生产阶段和一次跨境生产阶段。因此可称为复杂国际循环生产的 GDP。进一步，我们把 T1 项与 T2 项合计称为依赖国内循环的 GDP，T3 项和 T4 项合计称为依赖国际循环的 GDP。

二 国内循环和国际循环的 GDP 分解结果

根据上述 GDP 分解公式，根据最新的全球投入产出数据（WIOD）并利用 matlab 编程计算。①

（一）中国 GDP 的国内和国际循环分解

表 4 – 5 显示了 2000—2014 年按国内循环和国际循环的中国 GDP 分解结果。结果显示：（1）2014 年中国的 GDP 主要依赖于国内循环，表明中国以国内大循环为主体的新发展格局在

①　WIOD 提供了 2000—2014 年全球投入产出表（World Input-Output Tables, WI-OTs），包括 2000—2014 年 43 个国家（地区）56 个产品部门的全球投入产出表，比 2012 年发布的全球投入产出表包含了更多国家和产品部门，数据覆盖年份从 1995—2011 年变为 2000—2014 年。43 个国家或地区分别为：中国、美国、日本、澳大利亚、奥地利、比利时、保加利亚、巴西、加拿大、瑞士、塞浦路斯、捷克、德国、丹麦、西班牙、爱沙尼亚、芬兰、法国、英国、希腊、克罗地亚、匈牙利、印度尼西亚、印度、伊朗、意大利、韩国、立陶宛、卢森堡、拉脱维亚、墨西哥、马耳他、荷兰、挪威、波兰、葡萄牙、罗马尼亚、俄罗斯、斯洛伐克、斯洛文尼亚、瑞典、土耳其、中国台湾。56 个产业部门分别为：农业部门（农业与畜牧业、林业、渔业）、制造部门（食品饮料烟草、纺织服装皮革、木材及木材制品、纸及纸制品、印刷和记录媒介复制、焦炭和成品油、化学原料和化学制品、医药、橡胶和塑料、非金属矿物制品、贱金属制造、金属制品、计算机及电子信息、电气设备、机械设备、汽车、其他运输设备、家具）、其他工业部门（采矿业、机械设备修理和安装、电力和燃气、水的生产和供应、废弃资源综合利用、建筑业）、服务业部门（汽车批发零售和维修、批发业、零售业、管道陆路运输、水运、航空运输、仓储、邮政、住宿和餐饮、出版、广播电视电影和影视录音、电信业、软件和信息技术、金融业、保险业、其他金融业、房地产、商务服务业、建筑和工程活动、科学研究与开发、广告和市场研究、其他科技活动、行政、公共管理和社会保障、教育、卫生和社会活动、其他服务活动、居民服务业、境外组织机构活动）。

量上已经具有较高水平。2014 年中国 GDP 为 10.398650 万亿美元。其中，依赖于国内循环的 GDP 为 9.389700 万亿美元，占比为 90.30%；依赖于国际循环的 GDP 为 1.008950 万亿美元，占比为 9.70%。实际上从需求端的"三驾马车"来看，2014 年中国的最终消费率、资本形成率分别为 52.3% 和 45.6%，而净出口率为 2.1%。2013 年以来，最终消费支出和资本形成总额对 GDP 增长的贡献率和拉动百分点较高，净出口的贡献率和拉动百分点大部分年份为负。这也表明，从数量上看，中国经济增长基本是以内需为主体的。此外，与我们方法类似的一些测算研究的结果也表明国内循环的占比较高，如陈全润等[1]从最终需求角度出发，分别以我国增加值依赖国内最终需求、国外最终需求的比重作为衡量我国经济参与国内循环与国际循环相对程度的指标，测度我国经济国内循环与国际循环的相对水平，其测算结果为：2014 年中国国内经济的循环占比是 81%。黎峰[2]基于国内循环及国际循环的内涵及边界，以单位产出中依托国内或国外市场实现的国内增加值作为国内循环与国际循环测度，其研究发现：基于国内配套能力及国内市场空间，中国经济发展已呈现出以国内循环为主的显著特征，2014 年中国国内经济的循环占比是 65.5%。

（2）2000—2014 年，依赖国际循环的 GDP 的占比先上升再转为下降。依赖于国际循环的 GDP 的占比从 2000 年的

---

① 陈全润、许健、夏炎、季康先：《国内国际双循环的测度方法及我国双循环格局演变趋势分析》，《中国管理科学》2022 年第 1 期。

② 黎峰：《国内国际双循环：理论框架与中国实践》，《财经研究》2021 年第 4 期。

8.1%逐步上升到2007年12.57%，2008年国际金融危机后，缓慢下降到2014年9.7%。与此相对应，依赖国内循环的GDP占比先下降再转为上升，从2000年的91.9%下降到2007年87.43%，再缓慢上升到90.30%。

表4-5　　中国GDP按国内循环和国际循环的四项分解

单位：万亿美元

年份	T1	T2	T3	T4	T1 + T2	T3 + T4	合计
2000	0.483060	0.629660	0.037702	0.060414	1.112720	0.098116	1.210836
2001	0.542810	0.688100	0.042188	0.064883	1.230910	0.107071	1.337981
2002	0.602130	0.735550	0.054428	0.078213	1.337680	0.132641	1.470321
2003	0.675220	0.822010	0.067200	0.100040	1.497230	0.167240	1.664470
2004	0.788650	0.954940	0.085393	0.135840	1.743590	0.221233	1.964823
2005	0.891810	1.130600	0.100500	0.173560	2.022410	0.274060	2.296470
2006	1.044300	1.365900	0.123130	0.226470	2.410200	0.349600	2.759800
2007	1.335900	1.776300	0.156090	0.291270	3.112200	0.447360	3.559560
2008	1.697600	2.342600	0.193940	0.365400	4.040200	0.559340	4.599540
2009	1.860800	2.721400	0.162190	0.311350	4.582200	0.473540	5.055740
2010	2.203900	3.176500	0.218250	0.413740	5.380400	0.631990	6.012390
2011	2.723900	3.943900	0.271030	0.516440	6.667800	0.787470	7.455270
2012	3.056800	4.517400	0.288640	0.554810	7.574200	0.843450	8.417650
2013	3.430300	5.136300	0.292810	0.622490	8.566600	0.915300	9.481900
2014	3.719600	5.670100	0.314580	0.694370	9.389700	1.008950	10.398650
比例							
2000	39.89	52.00	3.11	4.99	91.90	8.10	1
2001	40.57	51.43	3.15	4.85	92.00	8.00	1
2002	40.95	50.03	3.70	5.32	90.98	9.02	1
2003	40.57	49.39	4.04	6.01	89.95	10.05	1

续表

年份	T1	T2	T3	T4	T1 + T2	T3 + T4	合计
2004	40.14	48.60	4.35	6.91	88.74	11.26	1
2005	38.83	49.23	4.38	7.56	88.07	11.93	1
2006	37.84	49.49	4.46	8.21	87.33	12.67	1
2007	37.53	49.90	4.39	8.18	87.43	12.57	1
2008	36.91	50.93	4.22	7.94	87.84	12.16	1
2009	36.81	53.83	3.21	6.16	90.63	9.37	1
2010	36.66	52.83	3.63	6.88	89.49	10.51	1
2011	36.54	52.90	3.64	6.93	89.44	10.56	1
2012	36.31	53.67	3.43	6.59	89.98	10.02	1
2013	36.18	54.17	3.09	6.57	90.35	9.65	1
2014	35.77	54.53	3.03	6.68	90.30	9.70	1

资料来源：笔者计算得出。

（二）主要国家的 GDP 分解的国际比较

表 4-6 显示了 WIOD 中主要经济体 2014 年依赖于国内循环和国际循环的 GDP 占比情况。从中可以看出：（1）一般来说，经济体的体量大，其依赖于国际循环的 GDP 占比就相对较小，即呈现"大国大内循环"特征。如 GDP 规模最大的美国依赖于国际循环的 GDP 占比为 6.31%，而 GDP 规模最小的塞浦路斯依赖于国际循环的 GDP 占比高达 21.40%。同时简单统计计算发现 GDP 与依赖于国际循环的 GDP 占比的相关系数为 -0.27。（2）2014 年，中国依赖于国内循环的 GDP 占比低于美国、巴西、日本、印度，排在第 5 位，但高于韩国、英国、德国等。主要经济体依赖于国际循环的 GDP 占比的算术

平均值为 20.25%，而中国为 9.70%。也就是相对来说，从数量上看，中国的经济循环基本上是以国内大循环为主体。

表 4 - 6　　2014 年按国内循环和国际循环的四项分解占比　　单位:%

国家或地区	T1	T2	T3	T4	合计	T1 + T2	T3 + T4
澳大利亚	50.98	34.03	8.63	6.36	100.00	85.01	14.99
奥地利	54.59	24.07	13.01	8.33	100.00	78.66	21.34
比利时	51.39	21.75	16.87	10.00	100.00	73.13	26.87
保加利亚	46.89	27.50	14.42	11.20	100.00	74.39	25.61
巴西	58.17	33.99	4.36	3.48	100.00	92.16	7.84
加拿大	53.74	28.12	11.52	6.61	100.00	81.86	18.14
瑞士	51.32	26.50	13.08	9.10	100.00	77.82	22.18
中国	35.77	54.53	3.03	6.68	100.00	90.30	9.70
塞浦路斯	58.81	19.80	12.31	9.09	100.00	78.60	21.40
捷克	45.03	27.27	16.22	11.48	100.00	72.30	27.70
德国	52.66	28.28	10.70	8.36	100.00	80.94	19.06
丹麦	57.64	23.72	11.41	7.23	100.00	81.36	18.64
西班牙	58.77	30.19	5.60	5.45	100.00	88.95	11.05
爱沙尼亚	48.13	22.28	17.49	12.09	100.00	70.41	29.59
芬兰	54.70	27.36	8.64	9.30	100.00	82.06	17.94
法国	59.75	28.08	6.42	5.75	100.00	87.83	12.17
英国	55.40	30.64	8.18	5.78	100.00	86.04	13.96
希腊	61.35	26.56	6.69	5.40	100.00	87.91	12.09
克罗地亚	52.99	26.49	12.59	7.93	100.00	79.48	20.52
匈牙利	52.54	20.50	18.52	8.44	100.00	73.04	26.96
印度尼西亚	48.35	36.69	8.56	6.40	100.00	85.04	14.96
印度	55.45	36.30	4.43	3.82	100.00	91.75	8.25

续表

国家或地区	T1	T2	T3	T4	合计	T1 + T2	T3 + T4
爱尔兰	51.85	14.55	26.25	7.35	100.00	66.40	33.60
意大利	54.98	33.16	5.31	6.55	100.00	88.14	11.86
日本	60.39	31.52	3.72	4.36	100.00	91.91	8.09
韩国	47.70	32.15	9.57	10.59	100.00	79.85	20.15
立陶宛	53.31	18.75	19.53	8.41	100.00	72.07	27.93
卢森堡	42.27	11.91	30.38	15.44	100.00	54.18	45.82
拉脱维亚	49.12	26.70	12.67	11.51	100.00	75.82	24.18
墨西哥	62.53	26.20	7.01	4.26	100.00	88.73	11.27
马耳他	56.77	20.21	16.22	6.79	100.00	76.99	23.01
荷兰	47.23	20.64	21.23	10.89	100.00	67.88	32.12
挪威	49.09	22.88	20.59	7.44	100.00	71.97	28.03
波兰	49.92	29.61	11.42	9.04	100.00	79.53	20.47
葡萄牙	58.07	26.16	8.96	6.81	100.00	84.23	15.77
罗马尼亚	50.35	29.19	11.09	9.36	100.00	79.55	20.45
俄罗斯	43.40	32.40	14.35	9.85	100.00	75.80	24.20
斯洛伐克	48.10	25.47	16.48	9.95	100.00	73.57	26.43
斯洛文尼亚	49.79	23.71	16.35	10.16	100.00	73.49	26.51
瑞典	54.35	25.50	11.57	8.58	100.00	79.85	20.15
土耳其	53.77	33.57	6.35	6.31	100.00	87.34	12.66
中国台湾	48.75	20.31	18.91	12.03	100.00	69.06	30.94
美国	59.06	34.63	3.43	2.88	100.00	93.69	6.31
世界其他国家	47.06	32.77	10.37	9.80	100.00	79.83	20.17
简单平均	52.32	27.42	12.15	8.11	100.00	79.75	20.25

资料来源：笔者计算得出。

表4-7显示了一些主要经济体依赖于国际循环的GDP占比

的变化情况。从中可以看出：（1）制造业大国（如德国、中国）、自然资源丰富大国（如俄罗斯）的 GDP 实现更多依赖于国际循环。2000—2014 年，俄罗斯依赖于国际循环的 GDP 占比都超过了 23%，加拿大、德国、法国、中国等国家依赖于国际循环的 GDP 占比也都在 10% 以上。而美国、日本、巴西等国家依赖于国际循环的 GDP 占比反而在 10% 以下。（2）从各国的变化趋势来看，俄罗斯、加拿大等依赖国际循环的 GDP 占比较高的国家，其占比有所下降。巴西、意大利、日本、美国、德国等国家依赖国际循环的 GDP 占比出现了一定程度的上升。（3）相对于美国、日本、巴西等国家，中国 GDP 依赖于国际循环的程度较高，而相对于德国、俄罗斯、加拿大、法国、英国、意大利等国家，中国依赖于国际循环的程度较低。总之，从横向比较来看，中国 GDP 依赖于国际循环的程度处于中间位置，但是相对于俄罗斯、德国、法国、加拿大等国家，中国 GDP 依赖于国际循环的程度还需提高，而相对于美国、日本、巴西等国家，中国 GDP 依赖于国际循环的程度已处于较高水平。综上，中国作为制造业大国、人口大国，我们认为从数量上中国 GDP 依赖于国内循环为主体的格局初步成形。

表 4 - 7 2000—2014 年依赖于国际循环的 GDP 占比的变化情况 单位:%

国家	巴西	加拿大	中国	德国	法国	英国	印度	意大利	日本	俄罗斯	美国
2000	5.97	18.85	8.10	13.71	11.59	12.86	6.91	10.47	5.42	32.52	4.98
2001	7.09	18.32	8.00	13.71	11.32	13.04	6.87	10.60	5.30	25.98	4.61

国家	巴西	加拿大	中国	德国	法国	英国	印度	意大利	日本	俄罗斯	美国
2002	8.30	17.83	9.02	14.59	11.08	12.55	7.85	10.08	5.55	25.60	4.43
2003	9.11	17.64	10.05	14.79	10.70	12.66	7.82	9.82	5.88	26.70	4.42
2004	9.65	18.42	11.26	15.66	10.64	12.61	9.66	10.34	6.50	26.54	4.65
2005	9.03	18.77	11.93	16.35	10.68	12.84	10.36	10.53	6.74	27.79	4.73
2006	8.88	18.23	12.67	17.32	10.92	13.35	10.96	11.04	7.37	27.07	5.04
2007	8.21	17.97	12.57	18.34	11.14	13.30	11.11	11.52	8.21	23.90	5.46
2008	8.67	18.92	12.16	18.37	11.16	14.06	10.78	11.13	8.12	25.67	6.02
2009	7.29	15.97	9.37	16.72	10.14	13.58	9.15	9.25	6.50	23.11	5.42
2010	7.54	15.97	10.51	17.82	11.04	14.05	10.53	10.04	7.43	24.32	6.00
2011	8.34	17.09	10.56	18.32	11.74	14.78	9.29	10.72	7.36	25.29	6.49
2012	8.40	17.18	10.02	18.68	11.84	14.44	8.97	11.54	7.24	24.29	6.39
2013	8.04	17.57	9.65	18.85	11.98	14.61	9.14	11.60	7.82	23.27	6.32
2014	7.84	18.14	9.70	19.06	12.17	13.96	8.25	11.86	8.09	24.20	6.31

资料来源：笔者计算得出。

（三）中国制造行业的国内和国际循环分解及国际比较

表4-8和表4-9显示了制造业的增加值分解结果。
（1）在行业层面，中国制造业各行业增加值主要依赖于国内循环。中国2014年中国制造业依赖于国内循环的增加值占比（即T1+T2）85.64%（各行业平均值），总体上制造业对国内循环的依赖程度低于农业、采矿业和服务业。其中依赖于国内循环的增加值占比最高的5个行业分别为：食品、饮料和烟草制品制造业，基本医药产品和医药制剂制造业，其他运输设备制造业，汽车、挂车和半挂车制造业，其他非金属矿物制品制造业。（2）与一些发达国家比较，中国制造业增

加值依赖于国内循环的占比高于加拿大、德国、法国、英国、日本、美国和俄罗斯等国家，略低于印度、巴西。这与我们前述的从需求端和供给端的简单投入产出指标分析结论一致。像德国、英国、日本等制造业发达国家，其制造业发展相对越依赖于国际循环。

表 4 - 8　　　2014 年中国各行业按国内循环和国际循环的

四项分解占比　　　　　　　单位:%

行业	T1	T2	T3	T4	合计	T1 + T2	T3 + T4
食品、饮料和烟草制品制造业	39.28	55.99	0.59	4.13	100.00	95.28	4.72
纺织品、服装以及皮革和相关产品制造业	32.70	55.03	4.98	7.29	100.00	87.73	12.27
木材、木材制品及软木制品制造业（家具除外）、草编制品及编织材料物品制造业	2.86	83.92	3.95	9.27	100.00	86.78	13.22
纸和纸制品制造业	2.03	80.08	4.58	13.30	100.00	82.11	17.89
记录媒介物的印制及复制	2.38	84.06	2.85	10.71	100.00	86.43	13.57
焦炭和精炼石油产品制造业	5.25	79.04	2.62	13.09	100.00	84.29	15.71
化学品及化学制品制造业	2.68	76.78	6.53	14.01	100.00	79.46	20.54
基本医药产品和医药制剂制造业	14.72	79.49	3.67	2.12	100.00	94.21	5.79
橡胶和塑料制品制造业	4.18	74.61	8.21	12.99	100.00	78.80	21.20
其他非金属矿物制品制造业	1.60	89.23	4.40	4.77	100.00	90.83	9.17
基本金属制造业	1.19	82.55	4.40	11.87	100.00	83.73	16.27

续表

行业	T1	T2	T3	T4	合计	T1＋T2	T3＋T4
金属制品制造业，但机械设备除外	12.53	69.14	9.17	9.15	100.00	81.68	18.32
计算机、电子产品和光学产品制造业	26.46	46.50	14.35	12.69	100.00	72.96	27.04
电力设备制造业	26.71	54.81	10.09	8.39	100.00	81.52	18.48
未另分类的机械和设备制造业	39.95	46.92	6.26	6.87	100.00	86.87	13.13
汽车、挂车和半挂车制造业	40.39	51.49	2.84	5.28	100.00	91.89	8.11
其他运输设备制造业	56.36	36.51	3.16	3.97	100.00	92.87	7.13
家具制造业和其他制造业	53.82	30.28	11.38	4.52	100.00	84.10	15.90

资料来源：笔者计算得出。

表4－9　　　　部分国家（地区）制造业增加值依赖于

国内循环的占比　　　　　单位：%

	BRA	CAN	CHN	DEU	FRA	GBR	IND	ITA	JPN	RUS	USA
M1	90.00	86.86	95.28	89.27	91.30	89.09	96.23	94.30	98.04	97.96	95.70
M2	91.44	62.53	87.73	57.57	74.75	79.15	88.56	69.98	76.83	95.45	87.68
M3	72.26	36.40	86.78	62.40	73.08	85.80	90.70	73.31	93.77	60.83	87.30
M4	66.75	45.40	82.11	37.79	57.76	76.04	88.93	61.61	82.64	58.06	79.91
M5	93.70	63.83	86.43	73.48	85.51	84.10	94.48	78.04	89.88	—	90.15
M6	87.20	67.46	84.29	63.82	69.07	72.10	73.17	70.32	80.10	61.27	82.78
M7	81.11	31.99	79.46	25.01	39.23	48.31	69.33	46.71	51.96	56.98	75.45
M8	96.37	85.79	94.21	60.18	70.50	80.12	94.67	67.08	96.13	—	80.38
M9	86.19	32.00	78.80	42.62	53.51	68.57	82.81	56.91	64.05	77.71	82.52
M10	89.20	72.21	90.83	61.54	76.43	81.01	91.06	58.75	74.78	90.03	85.81
M11	62.76	30.76	83.73	31.71	29.04	5.42	79.76	36.02	55.04	54.03	73.37
M12	90.42	64.51	81.68	58.27	69.29	73.51	85.31	61.55	74.62	—	82.65

	BRA	CAN	CHN	DEU	FRA	GBR	IND	ITA	JPN	RUS	USA
M13	97.09	58.76	72.96	51.54	43.99	71.82	87.72	69.29	58.33	85.23	80.03
M14	92.68	53.02	81.52	48.32	42.68	58.52	87.07	57.27	68.63	—	77.13
M15	91.46	64.64	86.87	65.90	58.90	63.80	89.44	64.80	80.62	82.89	83.65
M16	93.94	81.59	91.89	74.33	60.20	86.41	91.68	66.21	78.95	88.53	88.50
M17	95.25	59.55	92.87	74.03	77.81	28.12	85.56	76.51	85.52	—	78.98
M18	90.44	84.35	84.10	79.20	84.04	81.99	90.73	81.42	88.95	90.15	92.70
算术平均	87.13	60.09	85.64	58.72	64.28	68.55	87.07	66.11	77.71	76.86	83.59

注：M1：食品、饮料和烟草制品的制造；M2：纺织品、服装以及皮革和相关产品的制造；M3：木材、木材制品及软木制品的制造（家具除外）、草编制品及编织材料物品的制造；M4：纸和纸制品的制造；M5：记录媒介物的印制及复制；M6：焦炭和精炼石油产品的制造；M7：化学品及化学制品的制造；M8：基本医药产品和医药制剂的制造；M9：橡胶和塑料制品的制造；M10：其他非金属矿物制品的制造；M11：基本金属的制造；M12：金属制品的制造，但机械设备除外；M13：计算机、电子产品和光学产品的制造；M14：电力设备的制造；M15：未另分类的机械和设备的制造；M16：汽车、挂车和半挂车的制造；M17：其他运输设备的制造；M18：家具的制造和其他制造业。此外，—表示该行业增加值为0，相关数据不存在。

资料来源：笔者计算得出。

以下我们主要选取纺织品、服装以及皮革和相关产品制造业作为低技术制造业的代表，计算机、电子产品和光学产品制造业作为高技术制造业代表进行动态比较分析。图4-6和图4-7显示了这两个行业的依赖国内循环的情况。（1）法国、德国、英国、意大利的纺织品、服装以及皮革和相关产品制造业增加值依赖国内循环的占比相对较低，俄罗斯、巴西的国内循环依赖程度最高。中国、美国、印度相差不大。（2）法国、德国、英国、加拿大的计算机、电子产品和光学产品制造业增加值依赖国内循环的占比相对较低，法国和德国对国内循环的依赖程度总体上呈下降趋势。法国从 2000 年 63.23% 下降到 2014 年 43.99%，德国从 2000 年的 59.69% 下降到 2014 年的 51.54%。巴西、俄罗斯、印度的计算机、电子产品和光学产品制造业依赖国内循环的程度最高，且俄罗斯和巴西总体上呈上升趋势。（3）中国的计算机、电子产品和光学产品制造业增加值依赖国内循环的占比从 2000 年的 81.65% 下降到 2014 年的 72.96%，中间略有波动，但美国却出现了小幅上升，从 2000 年的 76.33% 上升到 2014 年的 80.03%，中国的计算机、电子产品和光学产品制造业对国内循环的依赖程度略低于美国。（4）总体上，世界各国的低技术的纺织品、服装以及皮革和相关产品制造业对国内循环的依赖程度高于高技术的计算机、电子产品和光学产品制造业。如中国和美国 2014 年的纺织品、服装以及皮革和相关产品制造业对国内循环的依赖程度分别为 87.73% 和 87.68%，而计算机、电子产品和光学产品制造业对国内循环的依赖程度却分别为 72.96% 和 80.03%。这也反映高技术的计算机、电子产品和光学产品制造业融入全球产业链的程度较深，各国在这些高科技产品的生产形成了"你中有我，我中有你"的格局。正是由于高技术制造业深入融入全球产业链，核心和关键技术受制于人，使得高新技术行业面临着较大的断链风险，产业链安全问题相对突出。

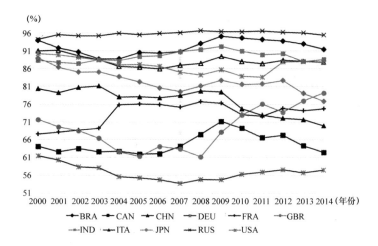

图 4 - 6　2000—2014 年纺织品、服装以及皮革和

相关产品制造业的国内循环占比

资料来源：笔者计算得出。

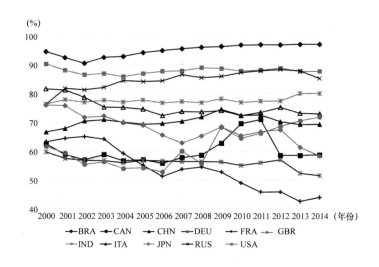

图 4 - 7　2000—2014 年计算机、电子产品和

光学产品制造业的国内循环占比

资料来源：笔者计算得出。

第三节 从经济循环测度结果看新发展格局的本质特征

一 "以国内大循环为主体"的"悖论"：质变和量变分析视角

我们从供给和需求结构的视角利用全球投入产出表数据比较分析了中国经济国内国际循环的现状，进一步通过构建基于全球价值链的国内国际循环的 GDP 分解方法，将 GDP 分解为依赖简单和复杂的国内国际循环四部分，并利用 WIOD 进行了实证测算分析。从测度分析的结果看，无论是从最终品国内最终需求率和中间品的本国供给率看，还是基于全球价值链的国内国际循环的 GDP 分解，中国国际循环依赖程度最高是 2006 年，之后总体上国内经济循环比例都比较高。各方面指标都表明国内经济循环的程度都在 90% 上下。如从基于 GDP 的分解看，2014 年中国 GDP 10.40 万亿美元中，依赖国内循环的 GDP 为 9.39 万亿美元，占比为 90.30%，依赖国际循环的 GDP 为 1.01 万亿美元，占比为 9.70%。从国际比较角度看，依赖国内循环的 GDP 占比中国排第 5 位，仅低于美国、巴西、日本、印度，但高于韩国、英国、德国等国家。WIOD 中的经济体依赖于国际循环的 GDP 占比的算术平均值为 20.25%，而中国占比不及该算术平均值的一半。也就是相对来说，从 GDP 数量上看，中国的经济循环基本上是以国内大循环为主体。同样，也说明了如果单纯基于国内循环和国际循环的新增经济流量看，国内循环的主体地位基本确立。实际上，我们这里复杂的国内国际经济循环量的分解，其基本结论也得到了一些简单统计指标的支持，例如外贸依存度从 2006 年的 67% 下降到 2019 年的近 32%，经常项目顺差同国内生产总值比值从 2007 年的 9.9% 下降到 2019 年的不到 1%。2008 年后国内需求对 GDP 增长的贡献率有 7 年超 100%。这一切都表明，从量上来看，现在中国经济国内循环流量在整体经济循环量中已经占据主体地位，中国的 GDP 增长主要依赖于国内循环。

进一步的问题是，如果基于上述测度结论，是否我们可以认为"加快构建国内大循环为主体国内国际双循环相互促进的新发展格局"要求，总体上已经基本实现了呢？显然，我们不能下此判断。实际上，从"新发展格局"一提出，就有一种观点，我国经济历来是以国内循环为主的，我国改革开放以来国内循环与国外循环一直是息息相关的。也就是说，我们不能单纯以经济循环中国内和国际占比来判断"新发展格局"是否形成。在新发展阶段、以新发展理念为指导加快构建新发展格局，从经济增长的数量上国内循环为主体，这仅仅是要求的一个方面，而且不是关键的要求，也不是本质的要求。习近平总书记指出："构建新发展格局的关键在于经济循环的畅通无阻"，"构建新发展格局最本质的特征是实现高水平的自立自强"。①

---

① 习近平：《把握新发展阶段，贯彻新发展理念，构建新发展格局》，《求是》2021 年第 9 期。

这意味着新发展格局是否形成关键取决于经济循环是否畅通，本质表现在高水平的自立自强是否实现。现在学界比较流行以"双循环"来替代"新发展格局"，实际上并没有很好地把握"新发展格局"的关键内涵和本质特征，"新发展格局"重点在"格局"，不在"双循环"。我们这里的测度分析也表明，如果仅仅把"构建新发展格局"理解为经济增长中国内循环流量在数量上占比要提高，那么在国内循环流量占比90%左右的情况下，必然认为"新发展格局"已经形成，显然这严重偏离立足新发展阶段、以新发展理念为指导构建新发展格局的根本要求。因此，深刻理解新发展格局的经济循环畅通无阻的关键内涵，牢牢把握实现高水平自立自强的本质特征，是加快构建新发展格局的前提和基本要求，对加快构建新发展格局至关重要。

实际上，在质上我们还没完全实现"以国内大循环为主体"，中国经济循环中存在大量堵点、难点和关键环节受制于人，存在大量"卡脖子"问题，产业链供应链存在风险安全问题。总体上我国产业附加值和竞争力还有待提高，尤其是以"工业四基"为代表的产业基础还比较薄弱，核心和关键技术受制于人。受逆全球化、新工业革命和新冠肺炎疫情的冲击，中国产业链的安全面临新的挑战。自改革开放以来，依靠巨大的市场规模、后发模仿技术、低成本要素供给等比较优势，中国经济实现快速发展，创造了中国经济奇迹，但是也带来一些问题。例如，这造成高端产业发展不足，易处于产业价值链中低端环节，产业的数字化、智能化、绿色化和服务化的水平低，关键装备设备、核心零部件和基础软件等高度依赖进口和外资企业，产品档次偏低，标准水平和可靠性不高，高品质、个性化、高复杂性、高附加值的产品的供给不足。中国产业基础能力薄弱一直是最大的短板，包括计量、标准、认证、信息服务等基础服务体系不完善，信息化背景下的基础软件、操作系统、算法等产业的核心基础主要依赖国外。《中国制造2025》中明确提出，希望到2025年，70%以上的核心基础零部件和关键基础材料能实现自主保障，80种标志性先进基础工艺进行推广应用，一些已达到甚至超过国际领先水平，形成较为成熟的产业技术基础服务体系，逐步建成整机牵引和基础支撑互动协调的产业创新发展新格局。这也从侧面反映了中国产业基础短板还比较突出。① 当前中国许多产业存在"缺芯""少核""弱基"的问题，"卡脖子"的关键技术也成为中国的"阿喀琉斯之踵"（Achilles' Heel）。2018年，《科技日报》在"亟待攻克的核心技术"的系列报道中，列举了35项"卡脖子"技术（如表4-10所示），以及中国与之的差距。这些"卡脖子"的关键技术掌握在美欧日等发达国家手中。关键技术和核心零部件高度依赖进口，关键零部件、关键材料和关键元器件等的自给率仅为三分之一。高端数控机床、芯片、光刻机、操作系统、医疗器械、发动机、高端传感器等，存在"卡脖子"的问题，中国制造在这些领域的研发和生产依然存在亟

---

① 2016年工信部等部委联合发布《"工业四基"发展目录（2016—2020）》，提出信息技术、数控机床和机器人、航天航空装备、海洋工程装备及高技术船舶、先进轨道交通、节能与新能源汽车、电力装备、农业装备、新材料、生物医药及高性能医疗器械和其他共11个领域的46项行业技术基础、81项先进基础工艺、268项关键基础原材料和287项核心零部件（元器件）。

须攻破的技术难关。2019 年，芯片进口总额为 3040 亿美元，自给率不足 3%。总之，存在核心基础零部件设计能力不强、先进制造工艺应用不足、关键基础材料缺乏和基础工业制造软件自主性差等问题，在质量和安全方面，我国经济还没有达到"以国内大循环为主体"的新发展格局。

表 4 – 10　　　　我国产业基础"卡脖子"情况列举

类型	列举
核心基础零部件	掘进机主轴承、蛋白质 3D 高清透射式电镜、扫描电镜、高端轴承钢、平板显示大号靶材、激光雷达、重型燃气轮机的叶片、真空蒸镀机、航空发动机短舱、顶级光刻机、高压柱塞泵、水下连接器、电控柴油机高压共轨系统
核心基础电子元器件	射频器件、芯片、机器人触觉传感器、高端电容电阻、医学影像探测器
工业软件	操作系统、工业机器人算法、EDA 工业软件、数据管理系统、航空软件
关键基础原材料	光刻胶、航空钢材、铣刀材料、微球、车用燃料电池材料、环氧树脂
先进基础工艺	创新药"靶点"、电控柴油机高压共轨系统、高端焊接电源技术、高端隔膜技术、超精密抛光工艺
行业技术基础	航空的适航标准

资料来源：根据《科技日报》2018 年 4 月 19 日开始的系列专栏"亟待攻克的核心技术"（共 35 期）整理。这里归类为笔者主观划分。

二　如何把握新发展格局的本质特征和关键内涵

如果从畅通经济循环关键内涵、实现高水平自立自强本质特征来理解构建以国内大循环为主体、国内国际双循环相互促进的新发展格局，新发展格局不是仅体现为国内循环流量在整体经济循环量中占比高、中国的 GDP 增长主要依赖于国内经济循环的发展格局，而是主要体现为以国内高水平自主创新为主驱动经济循环畅通无阻、以持续扩大国内需求为主不断做大国内经济循环流量、以国内大循环为主体促进国内国际双循环畅通。也就是说，新发展格局的"国内大循环为主体"，不仅仅是指国内经济循环流量占比高的"主体"，更主要的是指以高水平自主创新为主、以扩大内需为主、以发挥国内大循环主导作用为主的"主体"。具体而言，我们应该从以下三方面把握新发展格局的本质特征和关键内涵。

第一，以国内高水平自主创新为主驱动经济循环畅通无阻的新发展格局。进入新发展阶段，我国经济国情发生了巨大变化，基于劳动力低成本的比较优势正在逐步减弱，旧的生产函数组合方式已经难以持续，亟待通过破坏式创新实现新的生产函数组合。经济全球化也正遭遇强势逆流，低成本出口导向工业化战略难以为继，关键的核心技术受制于人，经济安全风险加大，我国经济循环中出现了许多新的堵点和瓶颈。无论是从促进经济循环畅通无阻看，还是从进一步推进经济增长培育经济新动能看，都需要通过深化供给侧结构性改革，通过制度创新培育高水平自主技术创新能力，突破产业发展瓶颈，优化产业结构，提升创新力和竞争力，实现经济循环畅通无阻、高水平的供需动态平衡。

第二，持续扩大内需为主的不断做大经济循环流量的新发展格局。中国经济国情的另外一个巨大的变化是，中国已经发展成具有 14 亿多人口、超过 100 万亿元人民币经济总量、人均 GDP 超过 1 万美元的超大规模国内市场的世界第二大经济体，具有巨大的内需潜力，具备依靠扩大内需持续做大经济循环流量、推动经济增长的条件。但是，由于体制机制和发展阶段的约束，内需挖掘还不充分，从投资看还有很多短板，面对新一轮科技革命和产业变革，经济结构升级对投资需求还很大；从消费看，居民收入还亟待提升，以居民消费为主体的消费格局还需要构建。构建新发展格局要求，围绕扩大内需，加强需求侧管理，深化经济体制机制改革，建立扩大内需的有效制度，加快培育完整内需体系，释放内需潜力，通过持续建设超大规模的国内市场、形成不断扩大的国内经济大循环和内需主导的可持续经济增长源泉。

第三，充分发挥国内大循环主体作用的国内国际双循环相互促进的新发展格局。构建新发展格局，不是不要对外开放，而是要实行更高水平的对外开放，持续深化产品、资金、人才等要素流动型开放，又要稳步拓展规则、规章、标准等制度型开放，在全面开放新格局下进一步促进中国同世界经济的联系，吸引和利用更多国际产品和要素资源，以积极主动挖掘中国超大规模市场优势和内需潜力。这意味着，构建新发展格局，是要在国内国际双循环相互促进中进行，通过构建强大的国内经济大循环体系，充分发挥国内大循环在双循环中的主体作用，在新发展阶段、新发展理念下塑造中国参与国际经济合作和竞争新优势，形成对世界要素资源的强大吸引力，提高在激烈国际竞争中的竞争力，增强在全球资源配置中的强大推动力。在新发展格局下，中国经济发展动力更加动态平衡持续稳定。从产业看，构建新发展格局要求中国产业迈向全球价值链中高端，不断提升产业链供应链现代化水平，形成安全高效的产业基础能力。

第四节　构建新发展格局的着力点

基于上述对新发展格局关键内涵和本质特征的分析，构建新发展格局关键在于实现经济循环流转和产业关联畅通，根本要求是提升供给体系的创新力，解决各类"卡脖子"和产业瓶颈问题，畅通国民经济循环。为此，必须深化改革、扩大开放、推动科技创新和产业结构升级。突出重点，抓住主要矛盾，着力打通堵点，贯通生产、分配、流通、消费各环节，实现高水平供求动态均衡。

第一，着力扩大消费以调整内需结构，实现内需结构的合理化、高级化。发挥内需潜力更重要的方面是调整内需结构，扩大居民消费在内需中的比重。当前中国所面临的突出问题是劳动报酬较低、储蓄率过高，带来消费能力的不足；供给侧服务业产品结构单一，消费结构失衡，如健康、文化、信息等服务产业存在需求旺盛而服务不足的困境；在城乡、区域、群体之间出现消费不平等。要对这些问题提出有针对性的解决方案，以释放消费潜力和发挥消费的基础性作用。应释放制度红利，完善社会保障体系，推动收入分配制度改革，提高初次分配比重，优化再次分配制度，实现公平与效率的结合；健全信用体系，扩大信贷消费；调节税收手段，刺激广大中等收入群体的消费；通过健全消费法律体系保障居民的消费；创造就业机会，提高居民收入；打造居民金融消费、扩大互联网商业在打造新业态、新模式上的作用，发展数字服务业改善消费的供给与需求结构不匹配的现状；在全社会创造消费型社会，以扩大消费畅通内循环，实现内需结构的合理化、高级化。

第二，充分发挥超大规模市场优势，加快建设统一开放有序的国内大市场。须以满足国内需求作为发展的出发点和落脚点，充分发挥中国超大规模市场优势，以国内市场作为国内经济循环和国际经济循环的连接"桥梁"，加快构建完整的内需体系。构建国内市场大循环，迫切需要消除阻碍要素自由流动的限制，加快建设统一开放有序的国内大市场。建设高标准的市场化体系，加快要素价格市场化改革，健全要素市场运行机制。让市场在资源配置中起决定性作用，更好发挥政府作用，凡是能由市场干好的都交给市场，政府不进行不当干预，通过市场形成竞争机制，优化资源配置。扎实推进和落实区域发展战略。鉴于中国人口众多、区域差距大的基本国情，以国内大循环为主体必须要建立在统筹国内区域发展的基础之上。长期来看，畅通国内大循环，应解决区域发展差距过大、供给过度集中的问题，促进区域协调发展，优化产业布局，通过打造产业链集群等方式提高中西部地区的供给地位，以形成东中西东北联动的国内大循环。

第三，加快自主创新以提升产业链现代化水平，形成数字化智能化创新驱动下的双循环新发展格局。"创新始终是推动一个国家、一个民族向前发展的重要力量。"实施创新驱动发展战略，是应对发展环境变化、把握发展自主权、提高核心竞争力的必然选择，是更好引领我国经济发展新常态、保持我国经济持续健康发展的必然选择。中国目前许多产品仍然高度依赖进口，中国制造在一些领域的研发和生产依然存在难以攻破的技术难关，如在高端数控机床、芯片、发动机、高端传感器等领域都存在"卡脖子"问题。为了实现以国内大循环为主的新发展格局，创新驱动成为题中应有之义。受新冠肺炎疫情的冲击，经济社会更加适应和需要数字化智能化技术的普及和应用。数字化智能化技术带来的经济社会应用几乎是每个人都深刻体会到的。巨大的内需可以通过虹吸效应引致全球创新要素在国内聚集，但关键基础技术、设备、零部件的突破，还得需要自主创新，尽快实现自我供给。中国工业体系完整，关键产业能力有待提高。以工业"四基"为代表的产业基础能力还比较薄弱，核心技术受制于人的现状短期难以改变。要提升产业基础能力和产业链现代化水平，可从以下五个方面着手：一要从思想上高度重视提升产业基础能力和产业链水平，从"两个大局"高度认识其必要性。二要从战略上区分有效提升产业基础能力和产业链水平的不同路径，有针对性地提高中国企业在全球价值链的治理能力，实现企业转型升级。主要从生产者驱动路径、购买者驱动路径和培育"隐形冠军"入手。以国内区域价值链为依托，积极培育本土的"链主"和"隐形冠军"企业。三要畅通和融合创新链、供应链、产业链和价值链，创新发展整体环境，构建有利于提升产业基础能力和产业链水平的产业创新生态。以现代化产业链集群为载体，积极促进产业链与创新链的融合发展。联通产学研，破除创新的市场障碍，构建自主可控的创新链。四要充分发挥我国新型举国体制优势，不断完善我国新型举国体制，对于投入巨大、技术难度高、市场主体单独难以攻克的重大的、战略性、基础性技术问题进行联合攻关。高度重视基础研究、共性技术、关键技术、前瞻技术和战略性技术的研究。进一步深化科研体制改革，加大对基础研究的投入，构建开放、协同、高效的共性技术研发平台，健全需求为导向、企业为主体的产学研一体化创新机制。五要正确处理产业政策与竞争政策关系，充分发挥竞争政策在提升产业基础能力与产业链水平上的基础性作用。

第四，积极扩大对开放水平，构建全面开放新体制，以国内大循环为主体促进国内国际循环相互发展。新发展格局不是封闭的国内循环，而是开放的国内国际双循环。随着中国经济的发展，社会主义优势不断体现，中国在世界经济中的地位不断上升，同时与世界经济的联系将更加紧密，为国际市场提供了更为广阔的机会，形成了吸引国际资源的巨大引力场。因此构建以国内大循环为主体，不是关起门来封闭循环，而是充分发挥内需潜力，利用好国际国内两个市场、两种资源，实现更加开放持续的发展。要积极主动地融入全球价值链、产业链和供求链，推动构建国内国际循环相互促进，国内大循环带动国际大循环，国际大循环促进国内大循环的新发展格局。从长远看，经济全球化是历史潮流，不可逆转的，分工合作、互利共赢是时代主题和长期趋势。我们要站在历史正确的一边，坚定不移扩大对外开放，增强国内国际经济联动效应，统筹发展和安全，全面防范风险挑战。不断改善营商环境，吸引国际投资、人才等资源要素，积极推动高水平对外开放，推动贸易高质量发展，建设全面开放新体制。积极实施"一带一路"倡议，促进资金、技术、人才、管理等生产要素与世界其他国家的交融合作。积极主动参与和融入全球产业链、创新链，充分利用自己的比较优势和国内大规模市场优势，优化产业结构，参与和促进全球产业链供应链重构和调整，增强中国企业的竞争优势，促进中国产业迈向价值链中高端。

第五章

构建新发展格局的战略与政策

　　自构建新发展格局提出以后，众多理论工作者都在寻求新发展格局的理论基础。这主要有两方面的视角，一个是马克思主义政治经济学的视角，如生产力与生产关系理论、社会资本再生产理论、世界市场理论、空间生产理论、社会主义市场经济理论等，尤其是可以追溯到马克思关于产业资本循环、两大部类资本再生产循环、社会再生产循环（生产、消费、流通和分配的国民经济循环）三个层次经济循环理论。另一个是宏观经济学的视角，如经济增长理论、国际贸易理论、全球价值链理论等，尤其是比较优势理论被认为是"双循环"的最为基础的理论逻辑。实际上，无论是马克思主义视角的文献，还是宏观经济学视角的文献，都聚焦于"经济循环"和"双循环"这些关键词寻求相应理论基础，虽然在一定程度上可以为新发展格局的关键在于畅通经济循环找到相应的理论依据，但是并不全面，还无法进一步说明新发展格局要求实现高水平自立自强的本质特征。

我们认为，构建新发展格局是一项事关全局的重大的经济现代化战略任务，寻求新发展格局的理论逻辑最应该从现代化理论中去挖掘，这样不仅直接，而且更为全面系统，也更符合构建新发展格局作为经济现代化路径的本意。

第一节　经济现代化视角下的新发展格局理论

现代化理论是关于现代化现象特征和规律的、经过一定逻辑性表述的理性认识。基于已有的现代化理论，可以引申出构造现代化理论的要素，包括现代化界定或者定义、现代化模式、现代化过程或者阶段、现代化动力和现代化结果，这些要素通过一定的结构化就构成了现代化理论，也就是说，一般意义的整体现代化理论可以从这五个方面要素来刻画现代化现象，但不同理论由于有自己的特殊概念或者重要的关系命题，可能对现代化的界定、模式、动力、过程和结果就会有不同的描述或者侧重某方面的论述，从而形成不同的现代化理论，发展成为具有众多流派的庞杂的知识体系。关于现代化的界定或者定义，虽然不同现代化理论也会有理解差异，但一个比较普遍的解释是：现代化是人类社会从传统社会向现代社会转变的历史过程，具体可以包括发达国家经历工业革命以来的深刻变化过程以及发展中国家追赶世界先进水平成为发达国家的过程。在经典的现代化理论看来，经济现代化的核心过程就是工业化，甚至可以把经济现代化就等同于工业化，这意味着现代化的实质就是由工业化驱动的现代社会变迁的过程。以此对现代化的理解为基础，大量的经济现代化问题的研究更趋向于关于经济现代化或者工业化的过程和阶段、经济现代化或者工业化的动力和模式，而所谓经济现代化理论或者工业化理论也更多的是对经济现代化阶段、动力、模式等方面的理性认识。这里将这些理论认识概括为"三论"。

一是现代化阶段论。现代化是一个可以划分为不同阶段的过程。关于经济现代化阶段划分的理论很多，现代化理论中对现代化阶段著名的划分为罗斯托关于传统社会、为起飞创造前提、起飞、向成熟推进、大众化高消费、追求生活质量的现代化"六阶段"，[①] 以及钱纳里等关于经济现代化的前工业化、工业化前期、工业化中期、工业化后期以及后工业化的工业化"五阶段"。[②] 在工业化阶段划分中还有早在 20 世纪 30 年代由 W. 霍夫曼提出的、基于霍夫曼比例（消费资料工业净产值与资本工业净产值之比）划分的四个阶段。另外，世界银行单纯按照人均国民收入把各经济体划分为低收入、中低收入、中高收入、高收入四种类型，这实际上可以认为是一个经济体经济现代化进程的四个阶段。而且从中等收入进入高收入阶段，往往十分困难，被认为现代化进程中存在"中等收入陷阱"。

---

① Rostow, W. W., 1960, *The Stages of Economic Growth: A Non-Communist Manifesto*, Cambridge University Press.

② H. 钱纳里等：《工业化和经济增长的比较研究》（中译本），上海三联书店1989 年版。

二是现代化模式论。现代化是一个具有多种路径也就是多种模式的过程，也是一个具有路径依赖的过程。由于不同国家的资源禀赋和社会历史文化前提差异，虽然成为发达国家的现代化目标趋同，但发展的路径和模式可以有多种，尤其是后发国家的现代化模式与先进国家不同，后发国家可以有"后发优势"而实现所谓"赶超"。以驱动因素为例，经济现代化分为市场驱动为主、政府驱动为主、政府与市场共同驱动三种模式，英国、美国和法国大体可归为市场驱动为主型，德国、日本大体可归为政府与市场共同驱动型，苏联和计划经济体制下新中国大体可以归为政府驱动为主型。改革开放以后，中国推进了市场化改革，中国经济现代化从单纯政府驱动为主型转向政府和市场共同驱动型。在后发国家的经济现代化研究中，格申克龙的"大突进理论"非常有代表性，提出了不同国家经济落后程度决定着不同的工业化模式，经济越落后，其工业化起步的"大突进"程度越高。

三是现代化动力论。根据马克思主义经济基础决定上层建筑的著名论断，社会变迁的动力是经济增长和结构变革，对应到现代化过程中，现代化过程的驱动力就是经济现代化。而经济学理论认为，工业化是工业驱动的一个国家或地区人均收入的提高和产业结构从农业主导向工业主导的演进过程，其实质是国民经济中一系列重要的生产要素组合方式连续发生由低级到高级的突破性变化，进而推动经济增长的过程。也就是说经济现代化就是一个经济体从传统步入现代的经济持续增长的过程，而工业化、经济增长实际上构成了发展经济学乃至整个经济学的核心议题，从这个意义上看，众多经济理论都可以理解为经济现代化理论和现代化动力理论。围绕经济增长动力，虽然有众多流派，但无论是马克思主义政治经济学，还是新古典增长理论（外生增长理论）、新增长理论（内生增长理论）、演化经济理论等，都从不同视角论述技术进步对经济增长的意义及内在机理，构成了庞杂的理论体系。马克思认为，技术作为一种渗透性的生产要素，通过提高劳动者的能力、促进资本积累以及改进劳动资料特别是生产工具，把巨大的自然力和自然科学并入生产过程，使生产过程科学化，进而对提高生产力、促进经济发展具有巨大的促进作用。实际上，"创新"一词最早是由美国经济学家熊彼特于 1912 年出版的《经济发展理论》一书中提出，熊彼特的创新理论所提到的创新是"建立一种新的生产函数"或者是"生产要素的新的组合"。经过多年的发展，现在把创新作为经济增长和现代化的动力，已经成为经济学界的共识。

基于现代化理论的"三论"，我们可以结合新发展格局的内涵提出以下三方面关于新发展格局的"阶段—模式—动力"的三维理论逻辑认识，如图 5-1 所示。

一是基于现代化阶段论，构建新发展格局是中国社会主义现代化进程进入新发展阶段的必然要求，是与现代化新阶段相适应的经济现代化路径。

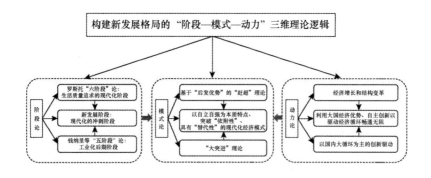

图 5-1　构建新发展格局的"阶段—模式—动力"三维理论逻辑

"十四五"时期是我国全面建成小康社会、实现第一个百年奋斗目标之后，乘势而上开启全面建设社会主义现代化国家新征程、向第二个百年奋斗目标进军的第一个五年，我国将进入新发展阶段。从现代化阶段论理论看，新发展阶段既是社会主义事业的新阶段，也是中国的现代化进程的一个新发展阶段，这个新发展阶段是全面建设现代化国家新征程。如果基于罗斯托现代化"六阶段"划分，这个新阶段意味着中国社会实现了起飞、完成了向成熟推进，开始从大众化高消费转向对生活质量追求的现代化阶段。大多数文献认为，中国已经处于大众化高消费阶段，新发展阶段意味着中国已经开始转向追求生活质量的阶段。实际上，从经济增长角度看，我们可以把起飞前准备、起飞和向成熟推进这三个阶段界定为经济高速增长阶段，而大众化高消费和追求生活质量这两个阶段可认为是高质量发展阶段，新发展阶段意味着中国已经实现了从高速增长转向高质量发展，步入高质量发展阶段。如果基于钱纳里等传统工业化"五阶段"的划分，从人均国内生产总值、三次产业产值、城市化率、制造业占比、第一产业就业占比等指标综合评价，中国已经步入工业化后期，虽然还没有完全实现工业化，但在一定意义上可以认为基本实现传统意义上的工业化，新发展阶段意味着中国开始从工业化后期向后工业化阶段过渡，这个新发展阶段是新型工业化、城镇化、信息化和农业现代化"同步发展"的高质量工业化阶段。这实质上意味着新发展阶段是最终实现现代化的"冲刺"阶段。

在新发展阶段这个实现现代化的"冲刺"阶段，中国经济需要跨越现代化进程中的三个关键节点，一是在 2025 年前后跨越"中等收入陷阱"成为高收入国家，二是在 2035 年基本实现现代化、成为一个中等发达国家，三是在 2050 年建成富强民主文明和谐美丽的现代化强国。虽然基于我们对潜在增长率预测，中国能在这两三个时间点实现这三个目标，[①] 但是这显然不是一个自然而然就可以跨过的阶段，这个新发展阶段需要围绕经济高质量发展寻求相应的新发展路径和现代化战略。而加快构建以国内大循环为主体、国内国际双循环相互促进的新发展格局，则是与这个新发展阶段相适应、以新发展理念为指导新的经济现代化战略。在这个新发展阶段，中国经过了"富起来"的阶段已积累了比较雄厚的物质基础，综合国力已居世界前列，形成了超大规模的大国经济基础，无论是从生产供给角度看，还是从 14 亿多人口巨大的市场潜力看，都具备

---

① 黄群慧、刘学良：《新发展阶段中国经济发展关键节点的判断和认识》，《经济学动态》2021 年第 2 期。

了国内经济大循环的基本条件。不仅如此，中国改革开放以来低成本出口导向的工业化战略对中国实现经济赶超发挥了巨大作用，但在新发展阶段这种战略的核心技术受限、内需亟待开拓等弊端日益明显，已经不适应新发展阶段的需要。再综合考虑经济全球化面临的挑战和发展趋势，加快构建在更高开放水平上实现国内经济大循环为主体、国内国际双循环相互促进的新发展格局，就成为新发展阶段的经济现代化路径的必然选择。

二是基于现代化模式论，构建新发展格局是中国基于自身资源禀赋和发展路径而探索的、以自立自强为本质特征的、突破关键核心技术"依附性"的、具有"替代性"的一种经济现代化模式。

中国作为一个现代化的后发国家，要实现赶超成为一个现代化国家，必须根据自身社会、经济、自然和历史文化条件，充分利用自身的"后发优势"，探索适合自己国情的经济现代化模式。如果借用俄籍美国经济学家格申克龙的"大突破"理论，中国特色的经济现代化模式一定具有"替代性"，也就是中国现代化模式与先进国家的所谓标准或者原发的现代化模式存在不同之处，这些不同之处就是对先进国家经济现代化模式相应内容的"替代"。

所谓后发国家的现代化模式具有"后发优势"，一方面表现在可以广泛学习先进国家的现代化经验、吸取其教训，从而基于自身发展进行创新、在现代化模式上实现广泛的"替代"；另一方面表现在引进、消化、学习、吸收先进国家的技术，从而减少技术创新和技术进步的成本和时间，从而有别于先进国家的现代化模式和路径。当然，这两方面"后发优势"被有效地利用、探索出具有"替代性"现代化模式、实现经济赶超的前提是，后发国家政府对自身国情、国家经济落后状况有正确的认识以及有强烈的意愿推进国家经济现代化进程。应该说，迄今为止的中国经济现代化进程表明，中国成功利用了后发优势，使市场在资源配置中起决定性作用，更好发挥政府作用，在中国共产党领导下走出了一条具有中国特色的社会主义经济现代化道路，中国的现代化进程进入追求生活质量的经济高质量发展新阶段。

但是，后发国家在推进经济现代化进程中也有其"后发劣势"，虽然利用了先进国家的经验和技术，但也会产生对先进国家在技术、贸易和资本等方面的"依附关系"。在基于全球价值链分工的今天，其全球生产分工地位往往也被锁定在价值链中低端。在先进国家确定的世界经济规则和支配的国际经济秩序中，后发国家往往处于不平等的地位。当后发国家现代化进程发展到一定程度，国际竞争力日益增强、经济规模迅速扩大和国际经济地位得到显著提升以后，后发国家与先进国家之间会发生全面贸易摩擦，从而制约后发国家的经济现代化进程。在发展经济学中，激进学派用"依附性"来描述世界经济体系中发展中国家的这种"依附关系"。虽然，激进学派的理论受到很多批评，且在当今全球化背景下并不一定正确，但是全球现代化史表明，"依附性"问题在大多数发展中国家是一定程度存在的。如果后发国家现代化进程发展到一定阶段，不能够有效地通过自主技术创新有效突破这种关键核心技术"依附关系"，其现代化经常有可能停滞或者被完全中断。实际上，众多发展中国家无法成为高收入国家，从而在所谓"中等收入陷阱"中无法自拔，在一定程度上也正是这种"依附关系"不能突破的一种体现，或者说必然结果。

对于中国现代化进程而言，中国经济发展也面临着创新瓶颈，科技创新能力薄弱已经成为中国经济高质量发展的"阿喀琉斯之踵"。虽然中国科技创新能力不断提升，已经成为研发人员投入第一大国、经费投入第二大国，但是以"工业四基"为代表的产业基础能力高级化和产业链现代化水平亟待提升，存在大量的"卡脖子"技术，技术体系中相当多的关键核心技术依赖于国外。这种关键核心技术"依存性"不能有效突破，直接制约我国新发展阶段的经济高质量发展和我国现代化进程推进。2018年中美贸易摩擦、2020年新冠肺炎疫情冲击以及经济全球化强势逆流背景下，更加凸显了这种关键核心技术"依附性"突破的必要性和急迫性。习近平总书记指出：新发展格局的本质特征是高水平的自立自强，必须更强调自主创新，这意味着构建新发展格局是一种立足于畅通国内经济大循环为主、寻求突破关键核心技术"依附性"的经济现代化模式，在一定程度上是对低成本出口导向型工业化发展模式的扬弃。当然，构建新发展格局，绝不能否定开放和全球化，而要实行高水平对外开放，重视以国际循环提升国内大循环效率和水平，塑造我国参与国际合作和竞争新优势，改善我国生产要素质量和配置水平，推动我国创新能力提升和产业转型升级。

也就是说，构建新发展格局，是要在经济全球化下实现关键核心技术"依附性"突破、具有中国特色的经济现代化模式。

三是基于现代化动力论，构建新发展格局是一种充分利用大国经济优势、围绕自主创新驱动经济循环畅通无阻的经济现代化战略。

生产力决定生产关系，经济基础决定上层建筑，经济现代化是国家整体现代化的驱动和基础。虽然不能够直接把经济发展完全对等为经济现代化过程，但如何促进经济增长和经济结构优化，推动从传统经济结构向现代经济结构转变，无疑是经济现代化战略的核心。构建新发展格局作为我国新发展阶段的实现经济现代化路径，也是新发展阶段的经济现代化战略。

新发展格局的一个关键词是"经济循环"。经济活动本质是一个基于经济分工和价值增值的信息、资金和商品（含服务）在居民、企业和政府等不同的主体之间流动循环的过程。马克思在其《资本论》中提出社会再生产理论，将社会再生产过程描述为由生产、分配、交换和消费等环节构成的经济循环，还给出了产业资本循环从货币转换为商品、从购买商品到生产出新商品、从新商品再转换为货币的三个过程和公式。里昂惕夫在此基础上提出要以循环流动理论——"可再生产性"论取代"稀缺"论，以此作为经济学理论的基石。因此，从经济循环角度来刻画新发展格局，一方面抓住了经济运行的本质特征，另一方面也进一步丰富和发展了当代马克思主义政治经济学。

构建新发展格局的关键则在于经济循环的畅通无阻，从而连续不断地实现社会再生产过程，保证经济持续增长和经济结构不断优化。而要实现经济循环畅通无阻，必须进一步推进高水平的科技创新，通过创新驱动经济循环畅通无阻，这也就是中国在新发展阶段经济现代化战略的核心要求。当前阻碍中国经济循环畅通的因素，既有供给侧结构性因素，也有需求侧内需潜力得不到有效释放的问题，还有百年未有之大变局下国际环境不确定不稳定明显加大的影响，这要求从战略和政策上实现：通过深化供给侧结构性改革来提高供给体系对国内需求的适配性与加强需求侧管理来扩大对供给的有效需求相结合；国内国际双循环互相促进要求实现经济增长动力在更高水平对外开放基础上的内外平衡，既要对内深化改革、激励技术创新、实现经济的创新驱动发展，又要全面提高对外开放水平、形成全面开放新格局、实现经济的开放发展，最终实现国内国际双循环互相促进；在经济效率与经济安全之间的统筹平衡，实现更有效率、更为安全的产业体系和区域布局。

构建新发展格局的动力是以国内大循环为主的创新驱动，也就是基于国内大市场的高水平的自立自强和自主创新。从现代化战略角度看，其理论逻辑基础在于大国工业化的特性。库茨涅兹在其《各国的经济增长》中按人口将所有样本国分为22 个大国和35 个小国，实证分析结果是在同样的人均国内生产总值水平下，大国工业尤其是制造业占比份额比较大；钱纳里等在《发展的格局：1950—1970》中揭示了大国和小国在发展格局上的差异：虽然大国和小国在发展格局上可以归结出许多不同之处，但大国经济发展的最一般特征是由于人口众多、市场容量巨大，可以体现出更多的内向化的倾向。如果说库茨涅兹的研究支持了改革开放以来中国快速工业化进程造就了世界第一制造大国的事实，那么钱纳里等的研究则为构建国内大循环为主的新发展格局战略提供了理论依据。改革开放之初中国虽然具有庞大的人口，但由于人均收入很低，还不能说具备了庞大的市场容量，那时候中国积极参与国际大循环，市场和资源"两头在外"，采用出口导向工业化战略具有其合理性。现在，中国人均收入已经超过了 1 万美元，具有 4 亿多中等收入群体，这无疑已经是一个十分庞大的市场，加之制造业增加值已经连续十年总量第一，在这样的供需条件下构建以国内大循环为主、以高水平的自立自强的科技创新为驱动的新发展格局就十分合乎逻辑。当然，国内大循环为主并不意味着忽视国际循环，而是要求国际循环还要以国内大循环为依托，二者相互促进。

第二节　构建新发展格局的高质量
工业化战略内涵

　　一个国家的经济现代化过程是工业化与城镇化互动的经济发展过程。工业化为城镇化提供了经济基础和成长动力，而城镇化为工业化提供了要素集聚和广阔的需求市场。随着以制造业创新发展为核心动力的工业化推动国民经济中一系列重要的生产要素组合方式连续发生由低级到高级的突破性变化，进而推动人均收入提高和经济结构转变，人口、资本等生产要素逐步从农村向城镇集聚，城镇规模逐步扩张，城镇化进程也在不断加快，而这个不断加快的城镇化进程也进一步促进了经济结构转变和人均收入增加的工业化进程。基于这样的规律认识，构建新发展格局作为新发展阶段的经济现代化战略，其战略内涵就是在新发展阶段如何推进工业化和城镇化互动发展的进程，也就是新发展阶段如何实施工业化和城镇化战略。为此，基于一个通用的战略管理分析框架（SWOT），我们需要分析明确在新发展阶段的外部环境变化（机遇与威胁）与内部条件变化（优势与劣势），从而明确新发展阶段下工业化和城镇化的具体战略内涵要求，也就是构建新发展格局的战略内涵。

一　新发展阶段下中国经济现代化面临的外部环境变化

总体而言，我国仍处于重要的战略机遇期，但机遇和挑战的内涵发生了重大变化，从外部环境看，新发展阶段是世界百年未有之大变局的深度变革期，新一轮科技与产业革命的加速拓展期。具体而言，这些变化至少包括以下三个重要方面。

一是世界经济环境呈现出全球化强势逆流变局。国际金融危机以来尤其是新冠肺炎疫情冲击，保护主义、单边主义、霸权主义来势汹汹，全球化遭遇强势逆流，全球宏观经济治理进入未知领域，第二次世界大战以来形成的全球宏观经济治理框架面临着巨大的挑战，全球政府高负债不断刷新历史纪录。在这种背景下，全球生产分工的内化趋势明显，全球价值链呈现出区域性和本土化的特征，国际环境的不确定性、中美贸易摩擦、疫情等外部冲击正在重塑全球产业链，一方面在纵向分工上趋于缩短，另一方面在横向分工上趋于区域化集聚，各国更多开始强调自主可控，倾向于选择转向"内循环经济模式"，全球产业链面临重构的巨大风险。在这种背景下，中国经济现代化进程面临着巨大的挑战，低成本出口导向工业化战略的不可持续性已经日益凸显。

二是科技和产业创新呈现出加速"革命"新局。20世纪下半叶以来，以信息化和工业化融合为基本特征的新一轮科技革命和产业变革一直在孕育发展，国际金融危机后"革命"进程开始加快，新冠肺炎疫情冲击下应用场景不断拓展和深化，更是呈现出从商务办公、社区治理、生活消费、生产服务到智能制造的全方位的"革命"新局，催生了大量的新产业、新业态和新商业模式。从技术经济范式角度分析，这一轮科技革命和产业变革已显现出以下特征：以数字技术、智能技术的突破性应用为主导驱动社会生产力变革；以信息（数据）为核心投入要素提高社会经济运行效率；以产业智能化、融合化、绿色化为趋势正在重构现代产业体系。中国的经济现代化进程面临着由于科技革命和产业创新可能带来的"弯道超车"重大机遇，也面临着如果无法将自己的工业化进程与信息化革命很好地融合而造成现代化进程相对"倒退"的严重威胁。

三是国际经济力量正在呈现深刻调整格局。经济全球化让劳动力、资本、技术三要素在全球范围内的流动出现不对称性，加剧了国与国之间发展的不平衡，各国在全球化进程中的收益呈现出结构性差异。从主要战略力量之间的对比看，冷战结束后的失衡态势发生明显改变。2018 年，中国的 GDP 已经达到美国的 2/3，应对国际金融危机，尤其是新冠肺炎疫情冲击过程中显示出的"中国之治、西方之乱"更是加强了人们对"东升西降"态势的认可，美国独自掌控地区和国际局势的意愿、决心和能力明显下降。从世界范围内来看，多极化趋势不断深入，国际混乱失序因素明显增多，不确定性和风险持续高企，大国之间的合作明显下降、竞争明显上升，全球经济竞争正面临着百年未有的深刻调整格局。从中国经济现代化进程看，一方面中华民族伟大复兴的战略全局在有序地、坚定地向着建成富强民主文明和谐美丽的社会主义强国演进，另一方面世界百年未有之大变局下中国作为新兴大国和平崛起因受到守成大国的打压而面临日益严峻的竞争压力。

二 新发展阶段下中国经济现代化进程的内部条件变化

从自身发展来看，我国全面建成小康社会、实现第一个百年奋斗目标后，又要乘势而上开启全面建设社会主义现代化国家新征程，向第二个百年奋斗目标进军，"十四五"时期作为全面建设社会主义现代化国家新征程的开局起步期至关重要。我国在 2021 年如期全面建成小康社会，经济社会发展的各方面都达到新的水平。一方面，中国已经发展成为一个超大规模经济体，综合国力已居世界前列。2021 年我国 GDP 总量已经达到 114.4 万亿元人民币，是世界第二大经济体、制造业第一大国、货物贸易第一大国、商品消费第二大国、外资流入第二大国，我国外汇储备连续多年位居世界第一，还具有世界上最大的中等收入群体，为形成超大规模的内需奠定了基础，是我国新发展阶段经济增长的巨大潜力所在。另一方面，中国特色社会主义制度体系也日趋成熟，形成了中国特色社会主义制度和国家治理体系，具备了中国特色社会主义道路自信、理论自信、制度自信、文化自信的坚实基础条件，形成了中国特色社会主义制度和国家治理体系的制度优势。

从中国的工业化和城镇化进程看，改革开放以来，尤其是加入 WTO 以来，中国快速地推进了工业化进程，采用了低成本出口导向高速度工业化战略，用几十年的时间走完了发达国家上百年的工业化进程，实现了一个十几亿人口的国家全面脱贫和建成小康社会，这是人类工业化史上前无古人的伟大成就。到 2019 年，我们测算的工业化水平综合指数达到 95，已经处于工业化后期的后半阶段，新发展阶段将从工业化后期的后半阶段向后工业化阶段过渡，在 2035 年全面实现工业化，全面进入后工业化社会。伴随着工业化快速推进，城镇化水平也在持续提升，尤其是 2015—2019 年中国常住人口城镇化率年均提高 1.13 个百分点，到 2019 年达到 60.6%，户籍人口城镇化率达到 44.4%，预计到 2025 年户籍人口城镇化率将达到 65.5%。这一切表明，在新发展阶段中国经济现代化进程起点已经较高，具备了很好的量的基础条件，中国经济现代化进程已经到了经过量的积累、开始实行质的突破的关键时期。

但是，还必须认识到中国经济现代化进程的不平衡不充分矛盾十分突出，发展质量亟待提高。一方面，工业化发展存在不平衡，工业化与信息化融合发展还不充分，新型工业化进程还相对缓慢。从工业化动力看，存在内外不平衡的问题，长期以来低成本、出口导向的高速工业化战略，造成对外部过度依赖、内需亟待开拓的内外动力失衡，经济安全风险加大、核心技术缺失、产业结构升级压力巨大等问题比较突出。从区域结构看，工业化水平总体上呈现东中西部地区逐步降低的梯度差距，近年来南北差距也日趋明显。从产业结构看，钢铁、石化、建材等行业的低水平产能过剩问题突出，受制于创新能力高端产业和价值链的高端环节发展不够，关键装备、核心零部件和基础原材料等严重依赖进口和外资企业。另外，工业化对农业产业现代化带动力度不够，三次产业之间融合程度还亟待提高。从工业化发展的资源环境看，工业化速度与资源环境承载力不平衡，绿色能源和绿色制造发展还不充分。从工业化与信息化关系看，互联网、大数据、人工智能和实体经济融合深度需要加强，制造业信息化水平、智能制造能力都有待提升。

另一方面，以人为核心的城镇化质量水平有待提升，城镇化与工业化良性互动发展还不充分。到2019年年末，我国户籍人口城镇化率与常住人口城镇化率还差16.2个百分点。农村土地制度与城乡公共服务改革的严重滞后，导致落户意愿与落户政策错配，严重阻碍了农业转移人口市民化的进程，造成农业转移人口难以享受到平等的市民权利。另外，大中小城市网络建设还不协同，城镇的产业发展、公共服务、吸纳就业、人口集聚的功能协同还有短板，工业化和城镇化存在"时间上不同步"和"空间上无互动"的双重错位，城市群和都市圈发展还不充分。另外，从根本上说，造成工业化城镇化发展不平衡不充分的原因还是体制机制不完善。

无论是工业化发展不平衡不充分，还是以人为中心的城镇化质量有待提高，从经济循环角度看会表现为各类生产要素循环不畅通、国内循环不够充分、国内国际经济循环不平衡，而造成这种循环不畅的关键原因是创新能力不够，这既包括科技创新水平不够，也包括改革开放在内的制度创新问题，这也正是构建新发展格局这个战略的本质和关键要求所在。

三 构建新发展格局作为经济现代化战略的核心内涵

新发展阶段下外部环境和内部条件变化要求新的经济现代化战略，新的经济现代化战略应该适应世界百年未有之大变局和中华民族伟大复兴的战略全局需要，构建新发展格局就是这样一个新的经济现代化战略。而经济现代化既然可以理解为工业化城镇化互动的经济发展过程，那么构建新发展格局的经济现代化战略内涵对工业化和城镇化提出了怎样的要求呢？

一方面，构建新发展格局的战略核心是从成本驱动、出口导向、高速度工业化转向创新驱动、内需导向、高质量工业化。这里有三层内涵，一是作为经济现代化的动力，必须从基于低成本劳动力的比较优势转向基于高水平科技创新能力的竞争优势。改革开放以来尤其是加入 WTO 以后，中国以要素低成本积极参与了全球价值链分工，实现了我国经济的高速增长，这种战略不可持续，近年来，核心技术缺失、产业基础薄弱、产业链现代化水平低、国内市场需求得不到有效满足等问题日益突出，亟待通过提升技术创新能力、更加强调自主创新实现战略基点转型。正如上面对新发展格局的理论逻辑分析所揭示的，构建新发展格局是以科技自立自强和自主创新为本质特征、基于创新驱动经济循环畅通无阻的经济现代化战略，这意味着新发展格局要实现经济现代化进程动力的重大转变。二是经济现代化的战略重心从出口导向转向内需主导，这意味着要充分利用大国在资源禀赋、市场容量等方面的优势，以国内经济大循环为主、国内国际相互促进推进经济现代化进程。另外，在当前全球化遭遇强势逆流的背景下，在经济安全与经济发展同等重要的前提下，这种重心转变十分必要。三是经济现代化的目标从追求速度实现赶超转向追求高质量发展。进入新发展阶段，中国全面建成小康社会，社会生产力水平总体上显著提高，但工业化城镇化进程面临更加突出的问题是发展不平衡不充分，这已经成为满足人民日益增长的美好生活需要的主要制约因素。而高质量发展就是经济发展能够更高程度体现新发展理念要求、解决发展不平衡不充分问题、满足人民日益增长的美好生活需要，高质量发展应该具有创新是第一动力、协调成为内生需要、绿色成为普遍形态、开放成为必由之路、共享成为根本目的的一组经济发展特性。也就是说高质量工业化本身就是以新发展理念为指导、针对工业化城镇不平衡不充分的问题而实施的工业化战略。需要进一步说明的是，高质量工业化战略的核心是制造业高质量发展，通过创新驱动推进中国制造向高端化、智能化、绿色化、服务化转型，实现中国从制造大国向制造强国转变。围绕制造强国这个目标，中国在2015

年提出了《中国制造 2025》战略规划。虽然这个战略规划遭到美国无端指责，但这个规划指明了中国制造业未来的发展方向。考虑到制造业对于科技创新能力提升的重要意义以及制造业对经济增长的创新效应，而构建新发展格局的本质是高水平的自立自强，制造业高质量发展无疑是构建新发展格局这个经济现代化战略的重中之重。国外智库有研究认为在很大意义上构建新发展格局是《中国制造 2025》的延伸，这在一定程度上也说明这一点。

另一方面，构建新发展格局的战略过程是新型工业化、信息化、城镇化、农业现代化协同推进的"四化同步"。坚持走中国特色新型工业化、信息化、城镇化、农业现代化道路，推动信息化和工业化深度融合、工业化和城镇化良性互动、城镇化和农业现代化相互协调，促进工业化、信息化、城镇化、农业现代化同步发展。这个"新四化"同步发展要求是党的十八大提出的，党的十九大再次强调，而党的十九届五中全会提出，到 2035 年我国基本实现新型工业化、信息化、城镇化、农业现代化，建成现代化经济体系。当今世界正处在以信息技术突破性发展驱动新一轮科技革命和产业变革的信息化时代，信息化已经成为现代化的核心特征，信息化与工业化深度融合并持续改变着城镇化内涵。而工业化和城镇化的互动发展，也带动了农业现代化，进而随着农业产业效率提升也促进农业人口向城镇集聚。因此，信息化和工业化深度融合、工业化和城镇化良性互动、城镇化和农业现代化相互协调，是当今时代现代化进程的内在要求和基本规律。也就是说，一个国家的现代化进程，必然要求工业化、信息化、城镇化和农业现代化的同步推进。经济现代化可以包括工业化、城镇化、信息化和农业现代化等方面，作为现代化战略，构建新发展格局要求畅通国内经济大循环，从内容上可以表现为信息化和工业化深度融合、工业化和城镇化良性互动、城镇化和农业现代化相互协调，从现代化进程上也就是工业化、信息化、城镇化和农业现代化的同步推进，这不仅是当今时代现代化进程的内在要求和基本规律，也是在新发展阶段以新发展理念为指导构建新发展格局、经济高质量发展战略的必然要求。新型工业化是相对传统工业化道路而言的，是以信息化带动工业化、以工业化促进信息化、科技含量高、经济效益好、资源消耗低、环境污染少、人力资源优势得到充分发挥的经济现代化战略。新型工业化、信息化、城镇化和农业现代化的"新四化"同步发展，充分体现了新发展理念的要求，也是构建新发展格局的战略实施过程。一方面，"新四化"同步发展将科技创新作为现代化的第一驱动力，准确把握了当今世界现代化进程的信息化、绿色化的人类社会创新发展的方向，充分体现了构建新发展格局的本质特征。以科技创新推进"新四化"同步发展，正是构建新发展格局的战略过程和战略路径。另一方面，"新四化"同步发展针对中国现代化进程中发展的不平衡不充分问题，更好地展现了生产要素之间、产业与产业之间、产业与区域之间、城镇与乡村之间、人与环境之间的内在协调发展性，这也是构建新发展格局畅通经济循环的要求。也就是说，"新四化"同步发展过程也正是畅通经济循环、构建新发展格局的过程。因此，积极推进"新四化"同步发展，实现信息化和工业化深度融合、工业化和城镇化良性互动、城镇化和农业现代化相互协调，正是构建新发展格局战略实施的基本过程，而"新四化"同步实现，则正是新发展格局形成的基本要求。

第三节　构建新发展格局的"双协同"政策体系

构建新发展格局是中国进入新发展阶段、以新发展理念为指导的新的现代化战略选择，这个新的现代化战略的基本内涵是以高水平的自立自强和科技自主创新来实现经济循环的畅通无阻。围绕构建新发展格局这个基本内涵，相应的政策体系也需要不断创新完善。一方面，围绕畅通经济循环中国经济治理与宏观调控体系需要沿着需求侧管理与供给侧结构性改革这条主线有效协同的方向不断完善，中国经济政策需要形成加强需求侧管理政策与深化供给侧结构性改革政策的有效组合体系；另一方面，围绕着提高自主科技创新能力需要建立以竞争政策为基础的产业政策与竞争政策有效协同的技术创新政策体系。总之，在坚持供给侧结构性改革为主线、国内经济大循环为主体、市场在资源配置中起决定性作用的原则下，构建新发展格局需要加快形成一种供给与需求动态平衡、改革与管理有效协同、国内循环与国际循环相互促进、竞争政策与产业政策有效配合的政策体系和运行机制（如图 5－2 所示）。

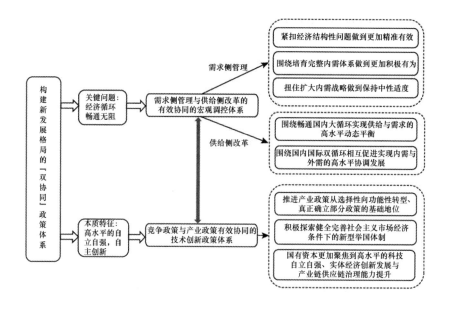

图 5-2　构建新发展格局的"双协同"政策体系

一　需求侧管理与供给侧改革的有效协同的宏观调控体系

在构建新发展格局下加强需求侧管理与深化供给侧结构性改革的有效协同，无论是对经济治理实践，还是对经济学理论发展，都具有十分重要的创新意义。从经济治理实践的角度看，作为一个转型的市场经济体制国家，中国一直协调改革、管理与发展的关系，平衡供给和需求的矛盾。在 1992 年中国明确提出建设社会主义市场经济体制后，以需求管理为重点的宏观调控体系逐步建立。尤其是进入 21 世纪以后，总体上中国宏观政策导向和工具是以需求管理为主，财政政策与货币政策协同推进使得投资和出口成为扩大内需的主要拉动因素。2015 年中央基于对中国经济进入新常态的判断提出供给侧结构性改革，中国经济增长动力机制开始转向更多依赖改善供给的技术进步和创新驱动的长期视角，中国经济政策导向被概括表述为"三去一降一补""破、降、立"和"巩固、增强、提升、畅通"等阶段性方针，供给侧结构性改革成为经济工作的主线。而新发展格局则要求在坚持供给侧改革的主线下协同强化需求侧管理，以培育完整内需体系和建设强大国内市场，从而实现更高质量、更有效率、更为公平、更可持续、更加安全的经济发展。这在宏观政策导向上需要在深化供给侧结构性改革中充分考虑到短期扩大需求总量的要求，而加强需求侧管理时还必须着眼于长期供给侧结构性矛盾的化解。这不仅是宏观经济调控的新方向，也意味着对宏观经济理论的创新和发展。从宏观经济理论上看，这是一个供给侧结构性改革理论兼容了需求管理理论内涵、突破供给学派理论长期视角和凯恩斯主义短期视角的综合理论框架，这个综合框架有内在机制的协同，也是一个系统性理论框架，这也正是"十四五"规划纲要提出的坚持系统观念原则的内在要求。当然，这种理论和实践的重大创新并非一蹴而就，需要从需求侧和供给侧两端发力，不断探索有效协同的政策体系和内在机制。

从需求侧看，需求侧管理要与供给侧结构性改革有效协同，需要在以下三方面持续加强。一是需求侧管理要紧扣经济结构性问题做到更加精准有效。当前经济中结构性问题是多方面的，既有高端消费需求旺盛与高端服务和产品供给不足之类的需求与供给之间错配，也有对国外关键核心技术过于依赖的内需和外需结构失衡，还有投资和消费内部结构不协调，例如投资增长仍主要来自房地产投资和基础设施投资，高新技术产业、教育和卫生投入虽然增速较高但占比偏低。新发展格局下加强需求侧管理，绝不是大规模需求刺激、简单进行总量管理，其真正的要义是紧扣上述结构性问题，有效发挥需求对供给的牵引作用，因题施策，做到更加精准有效。例如，在投资方面，并不是说强调供给侧结构性改革、实现经济增长从投资驱动导向转向消费驱动导向就不再注重投资，而是要看如何投资。新发展格局下，要扩大内需应该更加注重"补短板"和"促升级"的有效投资，所谓"补短型"投资是针对发展中不平衡的领域进行的投资，这类投资有助于提高国民经济运行的协调性、疏通国民经济循环的堵点，从而畅通经济循环扩大经济流量，主要包括基础设施、民生事业、区域协调、生态保护等领域；所谓"升级型"投资是针对未来经济现代化发展方向进行促进经济高级化现代化的投资，旨在从国民经济循环角度提供经济循环的新动能，培育经济新增长点，从而增强经济循环动能、提高经济循环水平，重点方向包括新型基础设施建设投资和制造业高质量发展投资等。也就是说，需求侧管理应该要主动触及深层次的结构性问题，在深度和力度上与供给侧结构性改革保持协调。

二是需求侧管理要围绕培育完整内需体系做到更加积极有为。构建新发展格局、畅通国内经济大循环需要加快培育包括现代市场体系、现代产业体系、收入分配体系和新型消费体系等在内的完整内需体系，进一步释放内需潜力。而加快培育完整内需体系，除了要求深化供给侧结构性改革外，还要求需求侧管理政策体系的配套支持。具体而言，财政政策和货币政策不仅要围绕经济增长、充分就业、物价稳定、国际收支平衡四大目标综合施策，还应该充分体现统一开放、竞争有序的现代市场体系建设的要求，积极促进创新引领、协同发展的现代产业体系发展。尤其是要坚持就业优先的政策导向，收入分配政策要以切实提高居民收入水平、建立和完善体现效率促进公平的收入分配体系为基本要求，正确处理国家、企业和个人之间的关系，保证居民可支配收入增速与经济增长速度同步。另外，需求侧管理政策要在挖掘国内消费潜力、加快消费转型升级、塑造新型消费体系方面发挥积极作用，要积极促进新型城镇化进程，合理增加公共消费，依托公共消费带动居民消费增长，加快新型消费基础设施建设投资，大力促进消费数字化转型。

三是需求侧管理要扭住扩大内需战略做到保持中性适度。需求侧管理必须紧紧扭住扩大内需这个战略基点，当前内需已经成为拉动中国经济增长的绝对主力，其中最终消费对 GDP 增长的贡献率达到六成以上，然而从中长期走势看，投资需求和消费需求均呈现下调趋势。建设超大规模国内市场、形成旺盛内需已经不仅仅是短期的政策目标，而是一个长期的要求，是一个可持续的历史过程。这不仅仅要通过深化供给侧结构性改革来解决长期的供给结构性问题，同时，促进消费升级、完善投资结构也要加强需求侧管理，通过需求升级牵引供应链和产业链创新发展。要提高需求侧管理与供给侧改革的有效协同，需求侧管理必须兼顾长期的制度性改革任务以适应供给侧结构性改革的长期性要求，兼顾结构性问题和周期性问题并有针对性地解决。财政政策应该更多地用于解决结构性问题，而货币政策应该更多地用于解决周期性问题。为了同时满足长期、多目标的要求，需求侧管理就不可短期过于激进，要比以往更加中性和适度，在运用当期政策解决迫切性的问题、保持经济运行总体稳定的同时，要前瞻性地考虑到对中长期的影响。需求侧管理必须要把握政策力度，与供给侧结构性改革的力度和节奏紧密结合起来。

从供给侧看，供给侧结构性改革要与需求侧管理有效协同，需要从两方面入手深入实施。一方面，供给侧改革要围绕畅通国内大循环实现供给和需求的高水平动态平衡。在 2018 年中央经济工作会议提出的"巩固、增强、提升、畅通"要求中，畅通国民经济循环，形成国内市场和生产主体、经济增长和就业扩大、金融和实体经济良性循环，就是供给侧结构性改革的重要要求之一。新发展格局下，供给侧结构性改革应该更加以畅通国内经济大循环为目标，针对生产、分配、流通、消费各环节的卡点、堵点，破除制约经济循环的制度障碍，推动生产要素循环流转和各环节有机衔接，加快培育统一开放、竞争有序的市场体系，激发供给体系提高供给质量更好地满足市场需求转型升级和灵活多样之变化，提升供给体系对需求的适配性。尤其是通过供给侧结构性改革，积极推进制造强国建设，不断提升产业基础高级化和产业链现代化水平，促进先进制造业和现代服务业深度融合，促进数字技术与实体经济深度融合，培育先导性和支柱性产业，推动战略性新兴产业融合化、集群化、生态化发展，强化基础设施支撑引领作用，提升服务业效率和服务质量，从而形成实体经济、科技创新、现代金融、人力资源协同发展的现代产业体系，实现以供给体系质量提升引领和创造新需求，最终形成需求牵引供给、供给创造需求的更高水平动态平衡。

另一方面，供给侧改革要围绕国内国际双循环相互促进实现内需与外需的高水平协调发展。一般而言，需求侧管理的国际经济政策的基本目标是实现国际收支平衡，这进一步要求实现内需与外需、进口与出口、吸引外资与对外投资等各方面的协调发展。改革开放以来尤其是在加入世贸组织以后，中国积极参与全球价值链分工，形成了依靠国际大循环的、出口导向的工业化战略，中国经济实现了快速发展和赶超。但近年来，关键核心技术缺失、产业基础薄弱、产业链现代化水平低、国内市场需求得不到有效满足等问题日益突出，严重制约中国经济可持续增长和经济安全。构建新发展格局要求在以国内大循环为主体的基础上国内国际双循环相互促进，这意味着我国需要通过深化供给侧结构性改革协同推进强大国内市场和贸易强国建设，改变激励出口的政策导向，吸引全球资源要素，塑造我国参与市场竞争新优势，实现新的内需和外需的高水平协调发展。尤其是，要通过深化供给侧结构性改革，完善国家创新体系和创新生态，把科技自立自强作为国家发展的战略支撑，提高我国创新能力，打破关键核心技术大多依赖国外供给的"依附性"，疏通经济循环中"卡点"，提升中国产业在全球价值链中的地位。

二 竞争政策与产业政策有效协同的技术创新政策体系

从世界工业化史看，存在着不同的工业化模式和动力机制，这不仅仅体现了工业化进程的复杂性，落实到工业化推进的政策体系上，也存在复杂的动态组合。这种政策体系动态组合的本质是随着工业化推进如何处理政府与市场的关系。与政府和市场的关系相对应，工业化进程中相应的政策体系可以分为产业政策和竞争政策。从一定意义上可以认为，市场驱动为主的工业化进程更倾向于依靠竞争政策，而政府驱动为主的工业化进程更倾向于依靠产业政策。对于政府和市场共同驱动的工业化进程则是产业政策和竞争政策的混合。如同政府和市场关系是经济学中一个重大而复杂的论题一样，实际上工业化进程中不同的阶段产业政策和竞争政策如何组合，是一个具有重大理论和现实意义的问题。

产业政策直观地理解为关于产业发展的政策，在这种泛泛的描述背后蕴含着丰富的理论性内涵。对产业政策的深入理解需要把握两方面前提，一是产业政策存在合理性。虽然现实中产业政策多是后发国家出于赶超发展需要而采取的发展产业的政策工具，但是从更为普遍的理论意义上看，还存在为什么需要产业政策的各种经济理论解释，比较传统的解释是新古典经济学提出的为了矫正市场失灵。这种市场失灵既包括由于不完全竞争、信息外部性、公共品等引起的传统市场失灵，也包括市场机制在协调经济活动中的市场协调失灵。"信息外溢""协调失灵"被认为是政府实施产业政策的两大理论基石。而更有解释力的演化经济学则从经济系统结构动态演化角度出发，认为市场自组织状态下会出现短视的低水平局部均衡和忽视社会公共目标的情况，这需要政府通过产业政策激励创新行为和规制市场主体行为来打破低水平局部均衡和促进社会公共目标的实现，进而促进经济发展。这有力支撑了发展中国家通过产业政策实现后发赶超的合理性。二是产业政策的复杂性。不同国家和同一国家不同工业化时期所实施的产业政策内涵、程序、力度和具体工具形式都千差万别，这使得产业政策非常复杂。从类型上看，包括现代产业政策与传统产业政策，横向产业政策与纵向产业政策，选择性产业政策与功能性产业政策，限制性产业政策与鼓励性产业政策，等等，从内容上看，涉及创新政策、教育政策、贸易政策、市场管理、中小企业政策等方面。理解了产业政策的合理性和复杂性，就避免了陷入关于是否需要产业政策的初级争论中，而将研究产业政策问题的关键聚焦到如何根据工业化进程阶段动态制定更加合意的产业政策。

广义的竞争政策，一般认为是政府实施的以保护市场竞争、促进和强化市场机制作用、规范市场竞争行为为目标的各种政策总和。狭义的竞争政策是规制企业包括垄断协议、滥用市场支配地位和经营者集中等垄断行为和不正当竞争行为的各种政策。从经济发展的视角看，政府之所以实施竞争政策、建立公平竞争的市场机制，一个基本的共识在于公平竞争是优化资源配置、激励创新、促进产业发展、增进社会福利的最为重要的前提，而单个企业为了追求自己利润最大化的垄断和不正当竞争行为会破坏公平竞争市场机制，进而不利于社会资源优化配置、产业创新与发展、社会福利最大化，从这个意义上竞争政策也是一种促进产业发展的政策，只是与产业政策不同的是，竞争政策是通过保护市场公平竞争、促进市场充分竞争从而实现促进产业发展的目的，而产业政策看到了单纯的市场竞争存在着"市场失灵"，由政府直接制定政策干预市场机制、弥补市场失灵从而达到鼓励或者限制某些产业的发展的目的。当然，产业政策和竞争政策并非"非黑即白"，例如，与选择性产业政策不同，功能性产业政策就是强调在不破坏市场公平竞争的前提下围绕建设和完善产业发展基础条件（包括市场基础条件）而促进产业发展。实际上，围绕产业创新发展、社会福利最大化等目标，产业政策与竞争政策存在有效实施的动态组合。

经过多年实践，中国的产业政策已经发展为一套动态复杂的政策组合，包括产业结构政策、产业组织政策、产业布局政策和产业技术政策等。从实施效果看，总体上对中国快速推进工业化进程、促进产业转型升级、实现经济赶超发挥了重要作用，但是，中国的产业政策在一定程度上也存在干预市场和影响市场机制形成的问题。随着市场经济体制改革的不断深入，在不断完善产业政策的同时，中国不断强化竞争政策，具体包括 1993 年 9 月颁布了《中华人民共和国反不正当竞争法》、2007 年 8 月通过《中华人民共和国反垄断法》、2015 年 10 月明确提出逐步确立竞争政策的基础性地位、2017 年 10 月出台《公平竞争审查制度实施细则》等关键措施。中国正在建设和不断完善基于竞争政策基础地位的产业政策与竞争政策的协调机制。坚持竞争政策的基础性地位，其基本要求是深化市场化改革、加快垄断行业以及要素市场改革，将竞争政策作为产业政策和其他经济政策的前置性和约束性政策，这是高标准市场体系建设的基本要求，也是加快构建完整内需体系、促进经济循环的一项重要内容，所以构建新发展格局也一定坚持竞争政策的基础性地位。

构建新发展格局的本质特征是高水平的自立自强、提高科技创新能力，围绕促进自主创新形成以竞争政策为基础地位、产业政策与竞争政策有效协同的技术创新政策体系，也就成为构建新发展格局的重要政策支撑和基本要求，这具体要在以下三个方面强化着力。

（一）推进产业政策从选择性向功能性转型，真正确立竞争政策的基础地位

新发展阶段中国现代化进程已经到了工业化后期向后工业化过渡的阶段，需要实施高质量工业化战略，中国产业结构的日益完备、产业技术水平逐步向全球技术前沿靠近，长期以来与我国工业化初中期阶段相适应的由选择性产业政策主导的政策体系越来越不适用了，产业政策应该从选择性向功能性转型，产业政策资源应更多地导向科技创新服务体系建设，竞争政策和功能性产业政策应该越占据主导，以提升自主创新能力和激发颠覆性创新技术涌现。另外，面对世界百年未有之大变局，新一轮科技和产业革命正在不断拓展深化，全球贸易规则和竞争秩序正处于不断变化甚至秩序重构过程中。虽然各大国都在努力掌握和增强其在新兴技术和新兴产业领域的主导权，

但这一轮以智能化、数字化、网络化为核心特征的新工业革命所涉及的科学技术基础的广度、技术融合的深度和市场应用的复杂性都是空前的，任何一个国家都不可能掌握新工业革命产业体系、供应链体系、价值链体系和创新体系的全部环节，需要继续在多边主义原则下构建更加开放的产业生态和创新生态，[①] 这种背景下要更好地实现国内与国际经济循环相互促进，要通过更大范围、更高水平的市场开放、加强知识产权保护、强化竞争政策等积极引导和融入新的多边贸易投资规则，维持自由、公平、透明的全球市场秩序，致力于形成一套符合市场经济发展的规则。这同样要求我国产业政策转型与竞争政策基础地位的真正确定。

围绕提高自主创新能力来构建新发展格局，既要真正确立竞争政策的基础地位，还要有效发挥产业政策的作用，这需要在有效协调竞争政策和结构性产业政策的基础上确立竞争政策的基础地位。为此，需要把握两个重要方面的政策措施。一方面，明确结构性产业政策发挥作用的边界，积极推进产业政策转型。严格控制结构性产业政策数量，产业政策要强调质量，强调"少而精"和协同配套。要最大限度地从结构性产业政策主导转向功能性产业政策主导，通过市场或非市场的方式为产业提供科学技术、人力资本等创新公共服务，通过创新体系建设或公共服务体系建设，如共性技术研发机构、技术扩散服务机构和项目、针对

---

① 谢伏瞻：《论新工业革命加速拓展与全球治理变革方向》，《经济研究》2019年第 7 期。

中小企业的法律会计服务等，为产业和企业提供特定的服务以提升其创新能力；要最大限度地从"刚性"产业政策转向"柔性"产业政策，加大知识产权保护力度，建立知识产权侵权惩罚性赔偿制度，鼓励塑造良好的产业生态和竞争环境；最大限度地从封闭环境下的产业政策转向开放条件下的产业政策，实现产业政策与国际通行规则惯例的兼容，提高产业政策的普惠性。但是，要坚持在关乎国家发展全局和国家产业安全的关键领域实施结构性产业政策，充分发挥我国制度优势和经济规模优势。另一方面，要从组织机制上逐步确立竞争政策的基础地位，这要求改革产业政策主要由行政部门负责制定和执行的机制，实现产业政策制定程序与组织机制的再造。我们曾建议产业政策和竞争政策协调的组织保障可以考虑以下方案：组建国家竞争政策与产业发展委员会，负责管理竞争政策和产业政策的集中制定，各相关部委负责相关产业政策建议和具体实施。该方案与目前我国竞争政策和产业政策治理体系的区别，将政策制定部门与政策执行部门分离，将政策协调的重心由政策出台后的事后协调调整为政策出台时的事前协调。

（二）积极探索和健全完善社会主义市场经济条件下的新型举国体制

社会主义市场经济条件下的新型举国体制，本质上可以认为是发挥市场在资源配置起决定性作用与更好地发挥社会主义国家政府集中力量办大事作用在科技创新中的有效协同机制，其政策体系就是基于产业政策手段与竞争政策手段有效协同的科技创新政策。虽然单纯理解举国体制，顾名思义，是国家利用所有资源和手段，举全国、全社会之人力、财力、物力去达成某一特定目标的工作体系、运行机制和制度安排，体现了"集中力量办大事"原则和思想以及国家统一意志。但是，社会主义市场经济体制下的新型举国体制，还需要把握两层含义，一是市场经济体制下的新型举国体制，是对传统举国体制以行政配置资源为主要手段的超越，将充分发挥市场在资源配置中的决定性作用和更好发挥政府作用兼顾起来，推动有效市场和有为政府更好结合；二是市场经济条件下的新型举国体制，是在经济全球化、信息化背景下开放的体制，是中国积极寻求国际合作、积极顺应经济全球化、信息化趋势的举国体制。这意味着，科技创新的新型举国体制，要面向国家重大需求，通过政府力量和市场力量协同发力，集成国家战略科技力量、社会资源共同攻克重大科技问题的组织模式和运行机制，充分发挥我国制度优势，综合运用行政力量和市场的各种手段，但又尊重科学规律、经济规律、市场规律和全球化规律，让企业在关键核心技术攻关中占据主体地位，尤其是发挥企业家的创新作用。

充分发挥我国新型科技创新的举国体制的优势，不断完善我国新型举国体制，一方面要界定实施新型举国体制的边界。新型举国体制更适合针对投入巨大、技术难度高，市场主体单独难以攻克的重大的、国家战略性、基础性的科学技术问题和经济发展项目。另一方面要不断提高我国新型举国体制的创新效率。当前我国在推进新型举国体制进行技术创新的组织实施过程中存在一些突出问题：从跨部门、跨地区协调层面看，目前我国的举国体制更多的是在"资源投入"方面实现了"举国投入"，但在"组织管理"（即跨部门协调、跨地区协调）方面还没有真正实现"举国协同发力"；从项目组织管理实施层面看，参与主体权责不对称的问题突出，科学管理和制度激励严重不足；从总体环境看，目前我国的举国体制项目在人才引进、技术竞争、国际合作等方面还不能有效响应新的国际竞争环境的挑战。为此，要加强统一管理和促进部门合作，重视打造核心平台和发挥行政垂直管理体系的协调作用；要明确主要权利人和责任人职责，导入成熟的项目管理流程，进一步提升重大项目的组织实施效率；要根据新的国际竞争形势，对国家重大科技和产业化项目在战略部署方面进行调整。

（三）以国有企业分类改革为前提，将国有资本更加聚焦到高水平的科技自立自强、实体经济创新发展与产业链供应链治理能力提升的功能定位上

从一定意义上说，国有企业可以作为一种产业政策手段，通过国有企业使命要求、国有资本功能定位，政府可以将国有资本有效配置到服务于国家特定产业发展目标上。这种产业政策手段，为了与竞争政策协调，就要求国有企业在市场竞争中需遵循"竞争中性"的原则。对于中国国有企业而言，既要充分发挥国有资本功能定位和实现国有企业使命要求，又要坚持"竞争中性"保护市场公平竞争，一个基本前提是坚持分类改革与分类监管。对于公益类和特定功能类国有企业，需进一步发挥国有经济战略支撑作用，推动国有资本进一步聚焦战略安

全、产业引领、国计民生、公共服务等功能；对充分竞争领域的国有企业，强化资本收益目标和财务硬约束，增强流动性，完善国有资本优化配置机制。在新发展阶段，国有企业需要以构建新发展格局为企业使命，国有资本需要以贯彻新发展理念、构建新发展格局为优化配置目标。具体而言，国有资本功能定位需要在以下几方面聚焦。

一是高水平的科技自立自强。构建新发展格局最本质的特征是实现高水平的自立自强，而自立自强的关键在于科技的自主创新。中央企业有研发人员近100万人，两院院士超过200人，拥有一半以上的国家重点实验室。但是国有企业总体上研发投入还严重不足，尤其是在基础研究方面投入更少，面对众多"卡脖子"关键核心技术薄弱环节，中央企业还没有很好地发挥重要战略科技力量的作用实现迅速突破。国有企业必须围绕原创性技术创新进行大量资本布局，强化基础研究投入，提高高级技能工人占比，完善科技服务体系，在积极探索市场经济条件下的新型举国体制和推进创新攻关的"揭榜挂帅"体制机制的过程中发挥重要作用，中央企业要成为新型举国体制下的科技自立自强的核心平台，组织协调攻关重大的、战略性、基础性技术问题，提升重大项目的组织实施效率，在国家重大科技和产业化项目进行科学战略部署。

二是实体经济创新发展。近年来中国经济总体上呈现"脱实向虚"的趋势，一定程度上出现了过快和过早"去工业化"问题，这十分不利于我国经济高质量发展，不利于我国经济安全。虽然中央企业是我国实体经济的顶梁柱和制造强国建设的主力军，但总体上国有资本也存在一定程度的"脱实向虚"问题。从 2020 年 1—11 月数据看，中央企业中工业企业资产总额占比 51.4%，虽然保持超过了一半比例，但近些年占比也是呈现明显下降趋势，2019 年工业企业资产总额占全部中央企业资产总额较 2015 年下降 5.5 个百分点；而同期地方国资委监管的国有企业工业企业资产总额占比更是只有 12.9%，比金融业资产占比低 9.5 个百分点，比房地产和建筑业资产占比还低 2 个百分点，2019 年比 2015 年下降了 7.5 个百分点。新发展阶段，国有资本必须在实体经济，尤其是制造业上积极布局，国资委要强化主业管理，有效地推动实体经济创新发展。

三是产业链供应链治理能力提升。在当今全球价值链分工的背景下，提升国家产业链供应链现代化水平，就是一个国家推进其产业链供应链向高附加值延伸、强化其产业在全球价值链各环节的增值能力、实现在全球价值链的地位升级、企业在全球价值链治理能力提升的过程。从国际经济循环角度看，中国企业在全球价值链分工地位还处于中低环节，对全球价值链治理还缺少话语权；从国内经济循环角度看，总体上国有企业尤其是中央企业在产业链供应链中处于中上游地位，对产业链供应链具有一定的控制能力，但这种能力主要是基于资源导向的，不是基于创新导向的。新发展阶段要构建新发展格局，提升中国产业基础能力和产业链水平，国有企业要在现有的基础上，采用流程或者工序升级、产品升级、价值链环节攀升，或者企业功能升级、价值链跃迁，或者跨产业升级及其组合等方式来提高我国产业基础能力和产业链水平，实现从基于资源优势控制产业链向基于创新能力控制产业链的转化。

最后，需要说明的是，构建新发展格局，聚焦实现国有企业使命定位和国有资本的功能布局，不仅仅是国有企业自身的问题，同时和国有资产监管体制直接相关。党的十八大提出了要建立以管资本为主的国有资产监管体制，党的十九大和党的十九届四中、五中全会也在不断地强调要健全管资本为主的国有资产监管体制。但是，"管资本为主"不能理解为"只管资本"，把"管资本"单纯理解为监管企业的资本收益。从经济学理论上看，"管资本"的内涵也绝不是单纯地只关注资本收益。"资本"在现实中存在两种内涵，或者说属性，一种是资本的"金融"概念或者"金融属性"，可以表述为作为一种资源的可自由流动的资金，另外一种是资本的"技术"概念或者"技术属性"，可以表述为在某特定生产组织或者机构内进行的生产过程中包含的一组生产要素。国有资产监管体制的"管资本为主"更多的是资本的"技术属性"，而非"金融属性"，"管资本"不仅要考核其资本回报，还要关注其资本回报是通过什么途径获得的，要监管企业是否已经脱离主业、违背使命要求和偏离资本功能定位，尤其是对于公益性和商业二类企业而言。当然，这并不意味着国有资产监管体制要回到党的十八大之前。在"管资本为主"的管理体制下，监管方除了监管国有资本保值增值，还要对国有企业使命、重大战略进行监管。在新发展阶段，尤其是要监管国有资本是否更加聚焦到高水平的科技自立自强、实体经济创新发展与产业链供应链治理能力提升的功能定位上。

第六章

构建新发展格局的有效投资

投资对于经济增长的意义无须多言。经济发展需要通过投资增加资本设备投入、完善基础设施建设、发展教育提高人力资本投入等，这对于发展中国家而言尤其重要。经过 40 多年的改革开放，中国人均国内生产总值已经达到 1 万美元，已经很好地解决了"双缺口理论"所揭示的资金投入问题。中国将开启全面建设社会主义现代化国家的新征程，步入新发展阶段，要在新发展理念指导下，加快构建以国内大循环为主体、国内国际双循环的新发展格局。"十四五"规划围绕新发展格局这个"纲"，提出扩大内需是战略基点，并要求通过供给侧结构性改革去补充短板、培育新增长动能进而畅通国内经济循环，这仍是经济工作的主线。在供给侧结构性改革与扩大内需战略有机结合的宏观政策导向下，构建新发展格局要求投资的重点集中在围绕优化结构、补基础设施短板、培育经济新增长点和提高投资效率等方面。

第一节　构建新发展格局的有效投资
逻辑：补短与升级

在宏观需求管理的框架中，内需与外需是一对最基本的关系。中国走上改革开放之路以来，以开放促改革，总体上实施了出口导向工业化战略，更多地依靠开拓外需促进经济发展。在亚洲金融危机后，1998 年中央经济工作会议首次强调扩大国内需求作为一项长期战略和宏观政策。之后在 2008 年国际金融危机、2018 年中美贸易摩擦等外需受到巨大冲击的背景下，扩大内需战略都被赋予更加重要的战略地位和结合当时背景具体化为相应的政策内涵。2020 年新冠肺炎疫情大流行背景下，中央提出的以国内大循环为主体、国内国际双循环相互促进的新发展格局，将供给侧结构性改革这个经济工作主线与扩大内需这个战略基点有机结合起来，以实现供需之间动态适配，促进经济循环，实现经济增长。而从扩大内需角度看，正确处理投资与消费之间的关系，则是宏观政策的核心议题。

改革开放以来，中国经济高速增长总体上是与持续高投资率相伴随的。中国经济增长的投资贡献率绝大多数年份都在 50% 以上，有些年份甚至接近 70%，资本形成率绝大多数年份在 35% 以上，2008 年国际金融危机以后，资本形成率更是连续几年超过 45%，2010 年的峰值高达 47%。中国这种持续多年的高投资的经济增长现象在国际上很少见到，日本在 1970—

1973 年资本形成率曾达到 35%—37%，韩国 1990—1997 年曾维持了一个较高资本形成率，高峰为 39%。正是这个原因，高投资一直以来是中国经济快速增长的主要解释因素和先决条件，"中国经济增长为什么如此之快"这个问题大部分可以简单地回答"因为投资如此之高"①。但是，随着资本边际报酬递减，这种高投资导致的经济增长往往被认为是不可持续的，是一种粗放的规模扩张性的增长模式。2000 年我国的资本边际报酬率（MPK）为 0.23，到 2018 年已经降低为 0.13。吴敬琏全面分析了过度投资对经济结构的扭曲以及导致银行不良资产增加和金融系统风险积累的问题。② 也就是说投资驱动型的经济增长对于任何一个国家而言并不是一个合意的可持续增长模式。随着现代化进程的不断深化，工业化进入后期，城市化进程日益深入，"三驾马车"消费对经济增长的贡献率以及消费率都整体上呈现提升的趋势。虽然单纯提出依靠消费拉动经济增长可能还具有争议性，但消费在经济增长中占比提升是成为现代化经济体的一个重要表现。随着我国步入工业化后期和城市化加速阶段，我国消费对经济增长贡献不断提高，最终消费率从 2010 年的 49.3% 上升到 2019 年的 55.3%。因此，逐步提高消费在经济增长中的贡献，无疑是经济增长的发展趋势，也是在形成以国内大循环为主体、国内国际双循环相互促进的新发展格局中扩大内需战略的关键要求。但是，居民最终消费

---

① 巴里·诺顿：《中国经济：转型与增长》，安佳译，上海人民出版社 2010 年版。
② 吴敬琏：《中国增长模式抉择》（增订版），上海远东出版社 2011 年版。

是收入和就业的函数，而收入和就业的增长又要取决于有效投资的增加。因此，在构建新发展格局下抓住扩大内需这个战略基点，既要强调消费对经济发展的基础性作用，全面促进消费，又要拓展投资空间，保持投资的合理增长。问题的关键在于，构建新发展格局下畅通国内大循环我们需要什么样的投资。

这需要看中国经济的发展阶段。中国经济已经从高速增长转向高质量发展阶段，高质量发展阶段的增长更加强调符合创新发展、协调发展、绿色发展、开放发展和共享发展理念的增长，还应该处理好经济发展与经济安全之间的关系。也就是说，在新发展格局下的投资要符合高质量发展的要求，投资方向更加倾向于解决经济发展不平衡不充分的突出问题，包括增强创新能力、提高实体经济供给质量、强化生态环境保护、改善民生、缩减区域差距和收入差距、解决教育医疗等社会公共服务难题等。具体可以把这些投资方向归结为两大类，"补短型"与"升级型"。所谓"补短型"投资是针对发展中不平衡的领域进行的投资，以协调发展理念解决经济发展的短板，在构建新发展格局背景下这类投资有助于提高国民经济运行的协调性、疏通国民经济循环的堵点，从而畅通经济循环扩大经济流量。所谓"升级型"投资是针对未来经济现代化发展方向进行促进经济高级化现代化的投资，以创新发展理念、实现技术创新和制度创新解决经济发展不充分、现代化水平有待提升的问题，在新发展格局下这类投资旨在从国民经济循环角度提供经济循环的新动能，从而增强经济循环动能、提高经济循环水平，具体可以归结为表6-1。

表6-1 构建新发展格局的有效投资类型

	"补短型"投资	"升级型"投资
主要针对问题	经济社会发展不平衡问题，促进国民经济（供给和需求）协调发展	经济社会发展不充分问题，促进国民经济（供给和需求）现代性
重点投资领域	改善民生、医疗、公共卫生、区域协调、扶贫、生态保护、基础教育等	科技创新、产业升级、新产业、新业态、新模式、职业教育和培训
经济循环目标	通过补短板、深化供给侧结构性改革，畅通经济循环堵点，扩大经济循环流量	通过培育经济新增长点、深化供给侧结构性改革，增强经济循环动能，提高经济循环水平
投资项目列举	基础设施、市政工程、农业农村、公共安全、生态环保、公共卫生、物资储备、防灾减灾、民生保障、城乡区域协调发展等领域短板项目，例如重大生态系统保护修复、公共卫生应急保障等	数字经济发展投资，符合制造业高级化、智能化、绿色化和服务化方向的设备更新和技术改造投资，战略性新兴产业投资，新型基础设施投资，新型城镇化投资，重大科研设施投资，人力资本投资等

从宏观调控看，构建新发展格局的关键在于将扩大内需与供给侧结构性改革有机结合起来，也就是说仅仅满足扩大内需、促进经济短期增长的投资并不是构建新发展格局所要求的投资，而既能满足扩大内需要求又能够符合供给侧结构性改革方向的投资才是形成新发展格局的所需要的投资。显然，"补短型"投资在能够直接通过投资实现扩大内需的同时，也满足了"三去一降一补"供给侧改革的要求，而诸如新型基础设施投资这样的"升级型"投资同样在拉动大量内需的同时，满足了实现新旧动能转换、促进数字经济和战略性新兴产业发展的

供给侧结构性改革的要求。因此，在新发展格局下有效投资的逻辑是"补短板"和"促升级"的结合。由于"补短型"投资和"升级型"投资都会扩大内需而带来相应的经济增长，还可以进一步引申为存在两类经济增长："补短型"增长和"升级型"增长（需要说明的是，这里的两类增长与已有研究提出的"补短型"增长和"升级型"增长并不相同，刘世锦所提出的"补短型"增长是指低收入阶层追赶高收入阶层带动的增长，其更多地直接体现为由于中等收入人群增加而引起的消费增加带来的增长，不是这里提到的投资带来的增长）。

第二节　"补短型"投资的重点领域

由于初始条件、现代化路径和经济发展战略等方面的原因，中国经济发展的不平衡问题表现在多方面，这决定了在许多领域相对于整体经济社会发展水平都存在发展的短板。从理论上说，可以参照发达国家的现代化路径，比较在同等发达水平下相关领域的发展水平，来确定相应的短板领域。一般而言，基于我国达到人均 1 万美元的国内生产总值的水平，可以考虑将一些发达国家 20 世纪七八十年代的发展水平作为标杆，从而寻求相应的短板领域。

但是，由于各国国情差异和现代化路径的区别，这种方法实际上只能提供方向上的参考。实际上，由于我国是拥有 14 亿多人口的人口大国，在很多发展指标的总量上，已经是全球第一，但人均指标与发达国家的差距较大。这意味着要结合相关领域情况，具体分析短板问题，而"补短型"投资则要相对精准聚焦。从整体上看，我国基础设施、农业农村、民生、生态保护等领域的短板比较突出，是"补短型"投资应该重点关注的领域，这基本上是研究界和政府部门的共识。

从基础设施看，一直以来我国基础设施建设投资都是投资的重点之一，基础设施建设投资能够占到固定资产投资的 1/4 左右，中国快速成长为基础设施大国，中国基建存量已位居世界第一。但是，中国基建存量人均水平与发达国家存在明显差距，只相当于发达国家人均水平的 20%—30%。根据国际货币基金组织（IMF）数据，2017 年我国公共资本存量达到 48 万亿美元（2011 年不变价格计算），位列世界第一，但人均公共资本存量仅为 3.5 万美元，在 149 个经济体中居第 37 位。这意味着我国基础设施的短板仍很突出，加之我国仍然处于经济空间大调整和城镇化大发展的时期，需要建设的城市基础设施仍然很多，"十四五"时期城市群和都市圈战略的实施对基础设施建设也还会有很大需求。从这个意义上讲，加强基础设施薄弱环节，提高公共服务水平和质量，仍是"补短型"投资的重要方向。只是要高度注意的是，基础设施"补短型"投资一定要提高投资精准性和有效性，一方面要考虑到项目投资乘数和全面科学评估投资项目的社会效益和社会成本，另一方面要严格管控各地重复建设的低效或者无效项目，为国家或省级统筹基础设施建设留下空间，避免地方的无序举债所带来的过大债务压力。

从民生看，真正实现幼有所学、学有所教、劳有所得、病有所医、老有所养、住有所居、弱有所扶等方面的公共服务体系建设，我国还有很多短板需要修补。在"十四五"时期加快形成新发展格局下，在这个领域的"补短板"问题有两个方面值得重视，一是由于新冠肺炎疫情冲击所引发的对卫生健康领域投入需求的增加，相对于这种巨大需求我国在卫生健康领域的投入短板则愈加明显。围绕人民生命健康，需要从医疗产业研发投入、疾病监测体系强化、卫生信息基础设施建设、公共医疗卫生系统完善、商业化医疗机构发展、康养基础设施丰富等各个方面进行巨大投资，从而不断提高医疗卫生体系的弹性和韧性。二是中国社会已经到了中度老龄化阶段，"十四五"时期中国60岁以上老年人口数量将从2019年的2.53亿上升到3.03亿人，65岁以上人口占比可能达到14%。面对老龄化社会的到来，抚养比大幅上升和老龄化问题加剧，与积极应对老龄化国家战略相适应的投资还存在巨大短板。我国老龄化水平总体上已经接近发达国家的平均水平，但是在与应对老龄化相关的养老设施、医疗设施以及各类公共服务设施方面同发达国家相比还有较大差距。这无疑是未来民生领域"补短型"投资的一个重要方向。

从区域协调看，城乡之间和国内不同区域之间不平衡问题仍然比较突出。在形成新发展格局的战略部署下，针对区域协调发展的"补短型"投资应该包括以下两方面重点。一方面是针对中西部地区和县级以下地区的基础设施建设的"补短型"投资领域。总体而言，东部地区的基础设施总量、密度和人均水平均明显高于中西部地区，绝大部分的高速公路、城市轨道交通设施、高铁等都位于东部地区，而县级以下尤其是乡村的一些基础设施供给还存在短缺。这在一定程度上也体现出新型工业化与农业农村现代化发展不同步。尤其是在西南省份，基础设施建设存在诸多短板，通过"补短型"基建投资破除发展瓶颈制约是振兴西部、打好脱贫攻坚战的重要举措。另一方面是与国家区域发展战略相关的重大生产力布局短板等方面的投资。党的十八大以来，中央提出了京津冀协同发展、长江经济带发展、东北老工业基地振兴、共建"一带一路"、粤港澳大湾区建设、长三角一体化、黄河流域生态保护和高质量发展等一系列区域发展战略，围绕着这些战略的推进的相应短板，相应会带动一系列关于生产力布局的重大投资，通过这些投资未来将形成优势互补、高质量发展的区域经济布局，成为新发展格局下的新区域格局。实际上与这些区域发展战略相适应的投资，既包括对某些区域发展短板的"补短型"投资，也包括进一步推进新型城镇化建设、建设城市群和都市圈方面的推进区域升级的"升级型"投资。

从生态保护看，围绕构建国土空间开发保护新格局，围绕资源环境承载能力短板来优化重大基础设施、重大生产力和公共资源布局。这需要围绕保护基本农田和生态空间，支持生态功能区把发展重点放到保护生态环境、提供生态产品等方面，进行大量投资。另外，围绕水、土、气等重点领域污染，对生态进行系统性修复投资，坚持山水林田湖草系统治理，科学推进荒漠化、石漠化、水土流失综合治理。绿色发展的推进路径主要包括污染减排与治理、生态环境保护与修复、绿色城镇化与公共服务体系建设，以及发展绿色环保产业等各个方面，"补短型"投资主要针对污染减排与治理和生态环境保护与修复等内容。改革开放以来，中国的低成本的快速工业化进程，在中国经济实现赶超同时，也对资源环境产生了大量的欠账。2018年中国能源消费总量达到46.4亿吨标准煤，是1980年的7.7倍，2017年工业固体废物产生量为33.2亿吨，比1990年增加了5.7倍，这种巨大的环境资源支持已经形成了对生态承载力的巨大透支，需要通过持续的大量投资对生态进行修复，这种投资与其说是绿色转型的投资，不如说是针对资源环境短板进行的生态修补性的"补短型"投资。

第三节 "升级型"投资的关键方向：
"新基建"与制造业

构建新发展格局需要实现更高水平的国内经济大循环，这意味着实现更高质量、更可持续、更高效率、更加包容的经济增长。我国已经进入经济高质量发展阶段，为了构建现代化经济体系、促进经济高质量发展，对于整个经济循环而言，无论是供给侧和需求侧，还是生产、流通、分配、消费等各个环节，都面临着向高级化、智能化、绿色化等方向升级的任务。"升级型"投资就是围绕着现代化经济发展方向，旨在促进经济转型升级、提高经济增长质量和效率的投资。如果说"补短型"投资有利于扩大经济循环流量,而通过"升级型"投资则有助于提升经济循环水平、实现更高水平的国内大循环。在众多投资方向中,新型基础设施投资和制造业高质量发展的投资十分关键,对于构建新发展格局具有重要的意义。

一 积极推进新型基础设施建设

新型基础设施可以包括信息基础设施,其中有以5G、物联网、工业互联网、卫星互联网为代表的通信网络基础设施,以人工智能、云计算、区块链等为代表的新技术的基础设施,以及以数据中心、智能计算中心为代表的算力基础设施等。新型基础设施还包括智能交通基础设施、智慧能源基础设施等信息技术与传统基础设施融合的融合基础设施,以及重大科技基础设施、科教基础设施、产业技术创新基础设施等支撑研发的创新基础设施。

显然,这些新型基础设施建设具有巨大的投资规模。例如,根据赛迪智库电子信息研究所估计:[①] 一是5G领域,到2025年建成基本覆盖全国的5G网络,预计需要5G基站500万—550万个,这将直接拉动投资约2.5万亿元,而5G相关产业链投资高达5万亿元左右;二是大数据中心建设,到2022年将新增220万机架,以单机架成本70万元/架计算,预计新增投资1.5万亿元。大数据中心将带动云计算、物联网产业快速发展,预计2022年会带动相关投资超3.5万亿元;三是人工智能基础设

---

① 赛迪智库电子信息研究所:《"新基建"发展白皮书》,http://baijiahao.baidu.com/s? id＝/bb2670398154724745,2020年3月19日。

施建设，2025 年新增投资约为 2200 亿元，带动计算机视觉、自然语言处理等技术快速进步，促进智慧医疗、智慧交通、智慧金融等产业快速发展，人工智能核心产业规模超过 4000 亿元；四是工业互联网领域，至 2025 年新增投资规模将超 6500 亿元，进一步带动智能制造相关投资超过万亿元；五是特高压领域，到 2025 年总投资规模将超过 5000 亿元，推动电力互联网、配电网等智能网络相关投资计超 1.2 万亿元；六是新能源汽车充电桩，2025 年投资规模将达到 900 亿元，会带动相关投资累计超 2700 亿元；七是高速轨道交通，2025 年投资规模约 4.5 万亿元，会带动相关投资累计超 5.7 万亿元。基于这样的估计，"十四五"时期这七个新型基础设施领域的直接投资带动投资合计超过了 27 万亿元。

实际上新型基础设施建设绝非仅局限于上述七个领域。新型基础设施可以更抽象地表述为支撑新型工业化的基础设施、支撑新型城镇化的基础设施和现代化经济体系的基础设施。所谓新型工业化则是在传统工业化基础上叠加了信息化、数字化、网络化、智能化、绿色化等要求，是新一轮科技和工业革命的信息技术、智能技术、新能源技术等产生和应用的结果，因此，没有信息基础设施和新能源基础设施，实现新型工业化也就无从谈起；而新型城镇化的要求可以体现为建设智慧城市、绿色城市、森林城市、海绵城市、人文城市、宜居城市等一系列类型的现代化城市的要求，这些城市一方面需要布局全新的信息化、智能化、绿色化的城市基础设施，另一方面利用新一代信息技术和绿色技术与交通运输、能源水利、市政、环保、公共卫生等传统城市基础设施进行融合，对传统城市基础设施进行数字化、网络化、智能化、绿色化升级而建设形成的新基础设施，支撑新型城镇化战略，将是新型基础设施建设的一个主战场。另外，新型基础设施还可以理解为现代化经济体系的基础设施，我国经济从高速增长转向高质量发展，相应的经济体系也需要从传统经济体系转向现代化经济体系，建设现代化经济体系是高质量发展的必然要求。现代化经济体系必然需要现代化的基础设施，信息化、智能化、绿色化都是现代化的方向和要求，因此新型基础设施是现代化基础设施，构成了现代化经济体系的基础设施。因此，如果把新型基础设施建设广泛意义地理解为支撑新型工业化、新型城镇化和现代化经济体系建设的新型基础设施建设，那么无疑需要巨大的投资量。而且，实证研究也表明，虽然中国投资乘数显著低于大部分 OECD 国家，但新型基础设施的投资乘数比较高，能够达到 OECD 大部分国家的水平，这说明了新型基础设施建设投资有别于传统基建投资，能够较快拉动经济增长。

新型基础设施建设投资的意义不仅在于投资需求巨大，进而有利于支撑经济增长、扩大经济循环，其更为重要的意义是促进经济升级、提高经济循环的水平。作为"升级型"投资，新型基础设施建设投资对未来实现新型工业化、城镇化、信息化和农业现代化的"新四化"、到 2035 年基本实现社会主义现代化有重要意义。特别是新型基础设施建设投资占比远低于传统基建的背景下，扩大新基建投资占比，能够促使我国经济结构转型和新旧动能转换。虽然新型基础设施建设具有两方面重要意义，但这并不意味着新型基础设施建设都应该由政府投资。新型基础设施建设投资同样也要满足供给侧结构性改革的要求——深化市场化改革、完善市场经济体制，通过更加完善的市场体制机制这只手来推进经济结构调整和经济升级。也就是说，新型基础设施建设如果只是政府投资，试图通过政府投资来提高经济供给质量，虽然这可能会大幅度拉动投资、扩大内需，产生直接地从需求管理方面刺激经济增长的功能，但要想获得长期经济效率和经济高质量发展，基础设施建设也必须坚持优先和充分利用市场机制的原则。尤其是新型基础设施与传统基础设施有很大区别，一方面市场前景不确定性较大，选择性产业政策的适用性不高，另一方面近些年在市场机制推动下这个领域已经有了很好的发展成就。因此，新型基础设施建设可以是政府投资和引导投资的重点方向，但有必要防止地方政府过多举债直接投资，新型基础设施建设投资的意义应该更多地从促进我国经济高质量发展、提高经济循环水平、构建新发展格局角度理解、认识和把握。

二 促进制造业高质量发展

中国作为世界制造业第一大国，制造业投资一直在经济发展中具有重要地位。经过工业化中期阶段制造业大发展以后，中国制造业的定位已经从支撑就业和经济增速转向支撑中国经济创新发展和促进产业结构转型升级。但是，在三次产业中服务业占比在 2013 年超过工业占比、2015 年达到 50% 以上的背景下，中国经济总体上存在"过早去制造业化"或者"过快去制造业化"的问题，制造业创新溢出效应和产业关联效应还没有很好地发挥的情况下，制造业占比和制造业投资出现了过快的下降。中国制造业占比已经从2011年的32%快速下降到2019年的27.2%，制造业投资增速也从2011年超过30%迅速下降到2016年的历史最低点2.8%，经过2017年和2018年虽然显著回升至9.5%，但2019年制造业投资增速出现断崖式下跌，回到了2016年的历史最低点。2020年又遭受新冠肺炎疫情冲击，直到第三季度制造业投资数据一直是负增长。另外，虽然制造业固定资产投资规模在全国固定资产中的比重仍具有关键地位，但2012年以后制造业投资占全部固定资产投资的比重逐年下降，到2019年已经从44.6%的高位回落至39.1%。制造业投资的快速下降，也说明我国经济"脱实向虚"的结构性失衡问题比较突出。

对于中国这样一个大国而言，必须把发展经济的着力点放在实体经济上，而制造业是实体经济的核心。在构建新发展格局中，制造业的地位更加突出。"十四五"规划纲要要求坚定不移建设制造强国、质量强国、网络强国、数字中国，保持制造业比重基本稳定，巩固壮大实体经济根基，推进产业基础高级化、产业链现代化，这就决定了未来要求"十四五"时期制造业投资的方向：一是遏制"去制造业化"的"脱实向虚"趋势，通过重视制造业投资保持制造业比重基本稳定。二是针对新冠肺炎疫情对我国产业链供应链冲击及产业安全问题，制造业投资要突出坚持自主可控、安全高效原则，推动全产业链优化升级和提高全球价值链控制力，推动产业链供应链多元化，同时还要加强国际产业安全合作。三是发展战略性新兴产业，加快壮大新一代信息技术、生物技术、新能源、新材料、高端装备、新能源汽车、绿色环保以及航空航天、海洋装备等产业。推动互联网、大数据、人工智能等同各产业深度融合，推动先进制造业集群发展，培育新技术、新产品、新业态、新模式。促进平台经济、共享经济健康发展。四是推动传统产业高端化、智能化、绿色化，发展服务型制造。五是针对产业基础能力薄弱问题等实施产业基础再造工程、完善国家质量基础设施、优化产业链供应链发展环境，加大重要产品和关键核心技术攻关的投资支持力度。六是针对我国经济区域协调问题，从区域布局角度提出促进产业在国内有序转移，优化区域产业链布局，支持老工业基地转型发展。

相对于基础设施建设投资而言，制造业投资更多的是民营资本和企业自主决策，制造业投资提升在很大程度上反映我国经济内生动能的加强。一方面，制造业企业中民营企业占比较大，近些年民营企业制造业投资占全部制造业投资的比重超过85%，民营资本是投资的中坚力量。实际上，2019年制造业投资下降，民营企业投资下滑是拖累全社会制造业投资下滑的主要因素。另一方面，制造业投资与基建投资、房地产投资相比而言，市场化程度最高，也就是制造业投资基本都是微观企业主体在综合考虑融资成本、投资回报和需求预期等因素后，决定是否进行资本投入。而基建投资和房地产投资受政府管制和政策影响程度相对较高。因此，政府促进制造业投资的关键是创造一个有利于制造业高质量发展的良好环境，不断完善制造业创新的生态系统，降低制造业发展的成本，提高制造业投资回报。尤其是要在体制机制上扭转"脱实向虚"的经济结构失衡的趋势，推动金融、房地产同制造业均衡发展，实现上下游、产供销有效衔接，促进农业、制造业、服务业、能源资源等产业门类关系协调。除此之外，政府可以在制造业的产业基础高级化方面发挥社会主义市场经济条件的新型举国体制的优势，再造产业基础，尤其是针对"卡脖子"的核心的基础零部件和元器件、关键的基础材料、重要的基础工艺、行业共性基础技术等内容进行攻关和投资，从而为制造业高质量发展奠定一个好的产业基础。

第四节　新发展格局下扩大有效投资应注意的问题

直观地说，有效投资是指具有效率的投资，如何衡量投资的效率呢？根据新古典投资理论，当企业投资的边际成本等于边际价值时，企业投资效率最优。对于政府公共投资，这里的边际价值是指社会价值，公共投资效率最优点是边际成本等于社会价值。有效的投资既要避免投资规模低于最优点而造成投资不足、无法发挥投资的作用，又要防止投资规模高于最优点而形成投资过度、造成极大浪费。但是，实际上判断一项投资是否是有效投资，由于投资周期长、评价标准不确定和多重性等原因，往往十分复杂和困难。因此，在扩大有效投资方面要注意以下问题。

一是要正确处理投资与消费的关系。基于传统的经济增长理论，投资对经济增长具有决定性的作用，哈罗德—多马所证明的就是储蓄、投资对经济增长的意义。实际上在一个国家的经济起飞阶段，投资和资金对经济增长有决定性作用。但是，投资增加意味当前消费的减少，如果说牺牲当前消费追加的投资无法在未来形成更多的产出，这种投资是无效的，经济增长也就不可持续。与投资需求相比，消费需求属于最终需求，消费拉动的经济增长是具有市场保证的可靠的经济增长。中国经济早已越过了依靠投资驱动的大推进阶段，消费对经济发展的基础性作用更加凸显，要顺应消费升级趋势，提升传统消费，培育新型消费，适当增加公共消费，促进中国经济增长模式从投资驱动主导转向消费拉动主导。从根本上说，构建以国内大循环、国内国际双循环相互促进新发展格局，扩大内需仍需要投资，但投资应该是聚焦到"补短型"投资和"升级型"投资的有效投资。也即是说扩大内需的投资一定和供给侧结构性改革结合起来，形成适应消费转型升级需要的有效投资，通过投资能够优化供给结构、改善供给质量，提升供给体系对国内需求的适配性，以创新驱动、高质量供给引领和创造新需求。实际上，从供给侧看，依靠有效投资驱动经济增长、从投资驱动主导转向消费驱动主导的核心问题是如何将经济增长从要素驱动转向创新驱动。中国经济进入新常态以后，中国经济需要实现从资本、劳动力要素数量投入驱动转向以依靠创新提高全要素生产率的经济动能转换，将中国经济增长建立在全要素生产率提升这个可持续发展的基础上。

二是要注重提高公共投资效率。由于公共投资缺少市场的竞争约束，需要更加强调提高公共投资的效率。衡量公共投资效率需要从多维度综合视角进行判断，一个公共投资项目具有理想的投资效率，应该满足两方面要求。一方面，最大化投资的乘数效应和最小化投资的挤出效应，能够对私人投资发挥很好的带动作用，这意味着公共投资的有效性不能仅仅看这个项目本身的投资回报率；另一方面，最大限度地实现投资的社会综合价值，这意味着公共投资的评价不仅仅包括经济增长目标，在经济增长目标之外，公共投资还应考虑社会目标和社会价值，有利于促进社会公平和兼顾社会各方面利益。尤其是要注意考虑到生态要求，政府投资应当具有生态价值，有利于环境改善和生态保护。同时，公共投资还要重视促进空间布局的优化和要素的聚集，这要求公共投资要注意对完善基础设施建设，促进城镇化、城市群和都市圈的发展等发挥重要作用。总之，公共投资要根据社会成本和社会价值来评判投资效率。在公共投资仍存在巨大需求的情况下，要找准公共投资领域中的短板和经济升级的关键领域，精准投资，为防止杠杆率和金融风险过度上升，要处理好中央和地方的关系、当前和长远的关系，合理划分中央和地方事权，对于地方政府的公共投资冲动要注意加以引导和规范通过补短板扩大当前有效投资，防止造成产能过剩、重复建设、库存增加、杠杆扩大、成本高企等问题，通过升级型投资加快传统产业升级改造，积极培育发展新动能。

三是充分发挥市场机制促进民间投资发展。要充分发挥市场决定性作用，能够由市场解决的交由市场解决，而政府要为企业等社会主体创造良好的投资环境。一方面要通过完善市场环境激发民间投资的需求。应推进供给侧结构性改革，改善民间投资环境，进一步放宽民间投资领域，不断完善要素市场化配置体制机制，深化科技创新体制改革、教育体制改革、户籍制度改革、城乡土地制度改革、投融资体制改革、收入分配体制改革、医疗体制改革等，激励劳动、资本、土地、技术、数据等各类要素资源优化再配置。要培育和维护公平的市场竞争环境，切实保护民间投资的合法权益，进一步推进"放管服"改革，提高行政服务效率，减轻企业负担。另一方面要完善公共投融资体系，拓宽民间投资渠道。这要求创新投融资机制，探索建立基础设施投资基金，推进市场化运作，用好地方政府专项债券。尤其是在地方土地财政收紧、融资受限，以及防范地方政府债务风险的压力下，要坚持多渠道筹措资金，合理安排地方政府专项债券规模，增加合法合规 PPP 项目，撬动社会资本进入补短板的重大项目。既要通过间接融资，发挥信贷支持基建的作用，也要加强直接融资，通过股票、债券等资本市场工具来支持"补短型"投资和"升级型"投资的资金需求。加大"补短型"投资本身也是投资环境改善的要求，一旦发展短板补齐，投资环境也会相应改善，对促进经济增长、增加就业、提高居民收入水平等也将起到非常重要的促进作用。另外，让社会资本参与到基础设施、公共设施、公益事业等方面十分重要，其意义不仅仅促进了公共产品投入，而且公共产品丰富还能进一步激发民间投资者投资产业的热情，加大"升级型"投资，有效促进产业创新发展，从而形成良性互动效果，促进经济社会更加健康、有序、平衡、可持续发展。

四是以"双循环"促进国内国际双向投资发展。加快形成以国内大循环为主体、国内国际双循环相互促进的新发展格局，需要扩大内循环、更好发挥内循环对外循环的拉动作用，同时以外循环促进内循环水平提升。其中，促进国内国际双向投资是连接国内外两个循环的关键手段。在全球外商直接投资持续低迷，特别是受新冠肺炎疫情影响下 2020 年全球外商直接投资大幅减少，根据联合国贸易和发展会议发布的《2020年世界投资报告》预测，2020 年全球外国直接投资将急剧减少 40%，达到近 20 年来的最低水平。在这种背景下，一方面，我国要加快打造市场化法治化国际化营商环境，完善外商在华投资的法制环境，进一步完善负面清单制度，加强知识产权保护，提升投资信心，吸引高科技投资，把自贸区、自贸港打造成为吸引外资的新高地。另一方面，继续推进中国企业"走出去"进行海外投资，这也是我国形成"双循环"新发展格局的重要组成部分。这要求要继续推动"一带一路"建设，促进"一带一路"多边化发展，加强与世界银行、国际货币基金组织、世界贸易组织等国际组织的合作力度，鼓励和支持中小企业参与"一带一路"建设等，政府、企业与第三方服务机构要携手做好对外投资的风险管理。2020 年 11 月 15 日，东盟十国

以及中国、日本、韩国、澳大利亚、新西兰 15 个国家，正式
签署《区域全面经济伙伴关系协定》（RCEP），标志着全球规
模最大的自由贸易协定正式达成。这将推进中国高水平的对外
开放，十分有利于扩大国内国际双向投资，从而对中国经济高
质量发展发挥重要作用。

参考文献

《马克思恩格斯选集》（第三卷），人民出版社1995年版。

《马克思恩格斯全集》（第26卷），人民出版社2014年版。

《马克思恩格斯全集》（第46卷），人民出版社2003年版。

《马克思恩格斯全集》（第46卷），人民出版社1960年版。

马克思：《资本论》（第1卷），人民出版社2004年版。

《毛泽东文集》（第八卷），人民出版社1999年版。

《毛泽东文集》（第三卷），人民出版社1991年版。

《毛泽东文集》（第七卷），人民出版社1999年版。

《毛泽东选集》（第四卷），人民出版社1991年版。

毛泽东：《在中国共产党第七届中央委员会第二次全体会议上的报告》，人民出版社1960年版。

《邓小平文选》（第二卷），人民出版社1994年版。

《邓小平文选》（第三卷），人民出版社1993年版。

习近平：《在庆祝中国共产党成立100周年大会上的讲话》，《人民日报》2021年7月2日。

习近平：《把握新发展阶段，贯彻新发展理念，构建新发展格局》，《求是》2021年第9期。

习近平：《对发展社会主义市场经济的再认识》，《东南学术》2001 年第 4 期。

习近平：《关于〈中共中央关于全面深化改革若干重大问题的决定〉的说明》，《人民日报》2013 年 11 月 16 日。

习近平：《关于社会主义市场经济的理论思考》，福建人民出版社 2013 年版。

习近平：《在庆祝全国人民代表大会成立 60 周年大会上的讲话》，《人民日报》2014 年 9 月 6 日。

习近平：《在庆祝中国共产党成立 100 周年大会上的讲话》，《求是》2021 年第 14 期。

习近平：《在哲学社会科学工作座谈会上的讲话》，《人民日报》2016 年 5 月 19 日。

《改革开放三十年重要文献选编》（上），人民出版社 2008 年版。

《中国共产党中央委员会关于建国以来党的若干历史问题的决议》，人民出版社 1981 年版。

本书编写组：《国企改革若干问题研究》，中国经济出版社 2017 年版。

布鲁斯：《社会主义的政治与经济》，中国社会科学出版社 1981 年版。

楚序平、周建军、周丽莎：《牢牢把握国有企业做强做优做大的改革发展方向》，《红旗文稿》2016 年第 20 期。

董志勇、李成明：《国内国际双循环新发展格局：历史溯源、逻辑阐释与政策导向》，《中共中央党校（国家行政学院）

学报》2020 年第 5 期。

芬得雷:《新帕尔格雷夫经济学大辞典》(第 2 卷),经济科学出版社 1992 年版。

高培勇、袁富华、胡怀国、刘霞辉:《高质量发展的动力、机制与治理》,《经济研究》2020 年第 4 期。

高培勇:《构建新发展格局:在统筹发展和安全中前行》,《经济研究》2021 年第 3 期。

郭冠清:《从经济学的价值属性看中国特色社会主义政治经济学的国家主体性》,《经济纵横》2019 年第 7 期。

郭冠清:《回到马克思:对生产力—生产方式—生产关系原理再解读》,《当代经济研究》2020 年第 3 期。

郭冠清:《回到马克思:政治经济学核心命题的重新解读(上)——以〈马克思恩格斯全集〉历史考证版第二版(MEGA2)为基础》,《经济学动态》2015 年第 5 期。

郭冠清:《西方经济思想史导论》,中国民主法制出版社 2012 年版。

郭冠清:《学贯中西坚持马克思主义——吴易风学术思想评介》,《当代经济研究》2019 年第 9 期。

何传启:《现代化科学:国家发达的科学原理》,科学出版社 2010 年版。

胡怀国:《新发展格局的内在逻辑、时代内涵与实现路径》,《山东社会科学》2021 年第 2 期。

黄群慧、陈创练:《新发展格局下需求侧管理与供给侧结构性改革的动态协同》,《改革》2021 年第 3 期。

黄群慧、李芳芳等：《中国工业化蓝皮书（1995—2020）——"十三五"回顾与"十四五"展望》，社会科学文献出版社2020年版。

黄群慧、刘学良：《新发展阶段中国经济发展关键节点的判断和认识》，《经济学动态》2021年第2期。

黄群慧、倪红福：《基于价值链理论的产业基础能力与产业链水平提升研究》，《经济体制改革》2020年第5期。

黄群慧、张弛：《新发展阶段国有企业的核心使命与重大任务》，《国资报告》2021年第3期。

黄群慧：《"十四五"时期深化中国工业化进程的重大挑战与战略选择》，《中共中央党校（国家行政学院）学报》2020年第2期。

黄群慧：《改革开放40年中国的产业发展与工业化进程》，《中国工业经济》2018年第9期。

黄群慧：《构建新发展格局的现代化理论逻辑》，《光明日报》2021年3月13日。

黄群慧：《畅通国内大循环 构建新发展格局》，《光明日报》2020年7月28日。

黄群慧：《从当前经济形势看我国"双循环"新发展格局》，《学习时报》2020年7月8日第6版。

黄群慧：《新发展格局的理论逻辑、战略内涵与政策体系——基于经济现代化的视角》，《经济研究》2021年第4期。

贾根良：《美国学派与美国19世纪内需主导型工业化道路研究》，中国人民大学出版社2017年版。

江小涓、孟丽君：《内循环为主、外循环赋能与更高水平双循
　　环——国际经验与中国实践》，《管理世界》2021 年第 1 期。

魁奈：《魁奈经济著作选集》，吴斐丹、张草纫选译，商务印书
　　馆 1979 年版。

黎峰：《国内国际双循环：理论框架与中国实践》，《财经研
　　究》2021 年第 4 期。

李翀：《马克思主义国际经济学的构建》，商务印书馆 2009
　　年版。

李斯特：《政治经济学的国民体系》，陈万煦译，商务印书馆
　　1961 年版。

刘鹤：《加快构建以国内大循环为主体、国内国际双循环相互
　　促进的新发展格局》，《〈中共中央关于制定国民经济和社会
　　发展第十四个五年规划和二〇三五年远景目标的建议〉辅导
　　读本》，人民出版社 2020 年版。

刘世锦：《服务贸易要更多重视外循环，"中国要由外循环转成
　　内循环为主"说法不符合事实》，http：//www. szeconomy.
　　com/nd. jsp？ id＝614，2020 年 9 月 9 日。

刘志彪：《重塑中国经济内外循环的新逻辑》，《探索与争鸣》
　　2020 年第 7 期。

马敏：《现代化的"中国道路"——中国现代化历史进程的若
　　干思考》，《中国社会科学》2016 年第 9 期。

倪红福、龚六堂、夏杰长：《生产分割的演进路径及其影响因
　　素——基于生产阶段数的考察》，《管理世界》2016 年第 4 期。

倪红福、冀承、杨耀武：《中国宏观需求结构的演变逻辑、趋

势研判与政策含义》，《改革》2020 年第 7 期。

倪红福、夏杰长：《中国区域在全球价值链中的作用及其变化》，《财贸经济》2016 年第 10 期。

倪红福：《构建新发展格局，保障经济行稳致远》，《时事资料手册》2020 年第 5 期。

倪红福：《全球价值链测度理论及应用研究新进展》，《中南财经政法大学学报》2018 年第 3 期。

倪红福：《全球价值链位置测度理论的回顾和展望》，《中南财经政法大学学报》2019 年第 3 期。

倪红福：《全球价值链中的累积关税成本率及结构：理论与实证》，《经济研究》2020 年第 10 期。

倪红福：《中国出口技术含量动态变迁及国际比较》，《经济研究》2017 年第 1 期。

裴长洪、刘洪愧：《构建新发展格局科学内涵研究》，《中国工业经济》2021 年第 6 期。

彭森、陈立等：《中国经济体制改革重大事件》（下），中国人民大学出版社 2008 年版。

钱纳里等：《发展的格局：1950—1970》（中译本），中国财政经济出版社 1989 年版。

钱纳里等：《工业化和经济增长的比较研究》（中译本），上海三联书店 1989 年版。

乔治·吉利贝尔：《循环流动》，《新帕尔格雷夫经济学大辞典》（中译本），经济科学出版社 2016 年版。

史东辉：《后起国工业化引论——关于工业化史与工业化理论

的一种考察》，上海财经大学出版社 1999 年版。

斯密：《国民财富的性质和原因的研究》（上卷），郭大力、王亚南译，商务印书馆 1979 年版。

王一鸣：《百年大变局、高质量发展与构建新发展格局》，《管理世界》2020 年第 12 期。

西蒙·库兹涅茨：《各国的经济增长》（中译本），商务印书馆 1985 年版。

夏慧芳：《中国工业化的基石——前苏联援建的"156 项目"》，《新西部》（理论版）2016 年第 21 期。

谢伏瞻：《论新工业革命加速拓展与全球治理变革方向》，《经济研究》2019 年第 7 期。

杨春学：《国家主义与德国历史经济学派》，《社会科学战线》2020 年第 6 期。

杨伟民：《构建新发展格局：为什么、是什么、干什么》，《比较》2021 年第 4 期。

姚洋、杜大伟、黄益平：《中国 2049：走向世界经济强国》，北京大学出版社 2020 年版。

张培刚：《农业与工业化（上卷）：农业国工业化问题初探》，华中工学院出版社 1984 年版。

张平、楠玉：《改革开放 40 年中国经济增长与结构变革》，《中国经济学人》2018 年第 1 期。

张卓元：《中国价格改革三十年：成效、历程与展望》，《经济纵横》2008 年第 12 期。

张卓元：《中国经济改革的两条主线》，《中国社会科学》2018

年第 11 期。

中共中央文献研究室著，胡绳主编：《中国共产党的七十年》，
中共党史出版社 1991 年版。

中国社会科学院经济研究所《中国经济报告（2020）》总报告
组：《全球经济大变局、中国潜在增长率与后疫情时期高质
量发展》，《经济研究》2020 年第 8 期。

左大培：《"李斯特命题"的数量化模型分析》，《当代经济研
究》2015 年第 8 期。

Dietzenbacher, E., B. Los, R. Stehrer, M. Timmer and G. de
Vries, 2013, "The Construction of World Input-Output Tables in
the WIOD Project", *Economic Systems Research*, Vol. 25（1）：
71 – 98.

Johnson, R. C. and G. Noguera, 2012, "Accounting for Intermedi-
ates: Production Sharing and Trade in Value Added", *Journal of
International Economics*, Vol. 86（2）: 224 – 236.

Koopman, R., Z. Wang and S. J. Wei, 2014, "Tracing Value-
Added and Double Counting in Gross Exports", *The American
Economic Review*, Vol. 104（2）: 459 – 494.

Leontief, W., 1991, "The Economy as a Circular Flow", *Struc-
tural Change and Economic Dynamics*.

Muradov, K., 2016, "Structure and Length of Value Chains",
https://ssrn.com/abstract = 3054155.

Timmer, M. P., B. Los, R. Stehrer and G. J. de Vries, 2016,

"An Anatomy of the Global Trade Slowdown Based on the WIOD 2016 Release", University of Groningen GGDC Research Memorandum No. 162.

Timmer, M. P. , E. Dietzenbacher, B. Los, R. Stehrer and G. J. D. Vries, 2015, "An Illustrated User Guide to the World Input – Output Database: The Case of Global Automotive Production", *Review of International Economics*, Vol. 23 (3): 575 – 605.

Wang, Z. , S. J. Wei and K. F. Zhu, 2013, "Quantifying International Production Sharing at the Bilateral and Sector Levels", NBER Working Paper, No. 19677.

Wang, Z. , S. J. Wei, X. D. Yu and K. F. Zhu, 2017, "Characterizing Global Value Chains: Production Length and Upstreamness", NBER Working Paper, No. 23261.

后　记

本书为中国社会科学院国有经济研究智库 2020—2021 重点课题"国有企业在构建新发展格局中的作用研究"资助成果之一。

"国有企业在构建新发展格局中的作用研究"课题是由中国社会科学院经济研究所和国家能源投资集团共同承担。该课题邀请全国知名高校、科研单位的专家学者共同组成研究团队，围绕如何在构建新发展格局过程中更好发挥国有企业作用这一主题进行深入研究（课题组成员的名单附后）。

课题立项后，中国社会科学院经济研究所与国家能源投资集团等单位高效协作，积极组织推动课题各项工作，取得了丰硕的研究成果，一批学术论文发表在顶级研究期刊，多篇要报要参获得中央、部委等领导同志批示。在研究过程中，国家能源投资集团也组建了专门的研究团队，参与了课题研究工作，为课题顺利完成做出了积极贡献，这里特别表示感谢！

"国有企业与构建新发展格局"研究丛书作为本课题的重要成果，共分为五册，分别为总论卷《新发展格局下的国有企业使命》，作为卷一的本书《理解新发展格局》，卷二《国有企业与畅通经济双循环》，卷三《国有企业与建设现代产业体系》，卷四《国有企业与促进共同富裕》。本书各章初稿的具体执笔如下：导论、第五章、第六章由黄群慧执笔，第一章由郭冠清执笔，第二章、第三章由汤铎铎、赵伟洪、续继执笔，第四章由黄群慧、倪红福执笔。本书的写作提纲、书稿审阅、修改和最终定稿由黄群慧和张弛共同完成，张弛在本课题和本书写作过程中承担了大量的组织协调工作。本书各章有些内容已以学术论文方式公开发表，特此说明。

附：课题组成员名单、国家能源集团参与课题研究成员名单

课题组成员名单

黄群慧　中国社会科学院经济研究所所长、研究员

张　弛　中国社会科学院经济研究所助理研究员

汤铎铎　中国社会科学院经济研究所研究员

赵伟洪　中国社会科学院经济研究所副研究员

续　继　中国社会科学院经济研究所助理研究员

郭冠清　中国社会科学院经济研究所研究员

胡家勇　中国社会科学院经济研究所研究员

陈　健　中国社会科学院经济研究所副研究员

杨耀武　中国社会科学院经济研究所副研究员

黄志刚　中国社会科学院经济研究所助理研究员

刘学梅　吉林财经大学副教授

孙永强　中央民族大学副教授

邓曲恒　中国社会科学院经济研究所研究员

刘洪愧　中国社会科学院经济研究所副研究员

王　琼　中国社会科学院经济研究所副研究员

倪红福　中国社会科学院经济研究所研究员

倪江飞　中国社会科学院经济研究所博士后

田　野　湘潭大学商学院博士研究生

王文斌　中国社会科学院大学经济学院硕士研究生

林　盼　中国社会科学院经济研究所副研究员

熊昌锟　中国社会科学院经济研究所副研究员

王　瑶　中国社会科学院经济研究所副研究员

李连波　中国社会科学院经济研究所副研究员

朱　妍　上海社会科学院社会学研究所副研究员

孙　明　同济大学社会学系主任、副教授

付敏杰　中国社会科学院经济研究所副研究员

陆江源　国家发改委宏观经济研究院经济研究所副研究员

侯燕磊　国家发改委宏观经济研究院经济研究所助理研究员

李　政　吉林大学中国国有经济研究中心主任

张炳雷　吉林大学中国国有经济研究中心副教授

白津夫　吉林大学中国国有经济研究中心专家委员会主任

宋冬林　吉林大学中国特色社会主义政治经济学研究中心主任

刘　瑞　中国人民大学经济学院教授

赵儒煜　吉林大学东北亚学院教授

花秋玲　吉林大学经济学院教授

王　婷　吉林大学经济学院副教授

张东明　吉林大学中国国有经济研究中心副教授

杨思莹　吉林大学经济学院副教授

尹西明　北京理工大学军民融合发展研究中心副主任

张　旭　吉林大学经济学院博士后

王思霓　吉林大学经济学院博士研究生

陈　茜　吉林大学经济学院博士研究生

王一钦　吉林大学经济学院博士研究生

刘丰硕　吉林大学经济学院博士研究生

李善民　中山大学副校长、教授

申广军　中山大学岭南学院副教授

王彩萍　中山大学国际金融学院教授

徐　静　中山大学国际金融学院副教授

郑筱婷　暨南大学经济学院副教授

柳建华　中山大学岭南学院副教授

张　悦　中山大学国际金融学院助理教授

张一林　中山大学岭南学院副教授

姜彦君　中山大学高级金融研究院博士生

黄建烨　中山大学国际金融学院博士生

黄志宏　中山大学管理学院博士生

楠　玉　中国社会科学院经济研究所副研究员

贺　颖　中国社会科学院经济研究所助理研究员

祁瑞华　大连外国语大学语言智能研究中心教授

李琳瑛　大连外国语大学语言智能研究中心教授

梁艺多　大连外国语大学语言智能研究中心副教授

刘彩虹　大连外国语大学语言智能研究中心副教授

王　超　大连外国语大学语言智能研究中心副教授

李珊珊　大连外国语大学语言智能研究中心讲师

郭　旭　大连外国语大学语言智能研究中心讲师

于莹莹　大连外国语大学语言智能研究中心讲师

赵　静　大连外国语大学语言智能研究中心讲师

国家能源投资集团有限责任公司

刘国跃　国家能源投资集团有限责任公司董事、党组副书记、总经理

宋　畅　国家能源投资集团有限责任公司企管法律部主任

李永生　国家能源投资集团有限责任公司企管法律部副主任

苟慧智　国家能源投资集团有限责任公司综合管理部副主任

邵树峰　国家能源投资集团有限责任公司企管法律部改革处经理

王宏伟　国家能源投资集团有限责任公司企管法律部改革处副经理

史　辰　国家能源投资集团有限责任公司企管法律部改革处高级主管

史卜涛　龙源（北京）风电工程设计咨询有限公司设计师

国电电力发展股份有限公司

耿　育　国电电力发展股份有限公司党委委员、副总经理

刘　全　国电电力发展股份有限公司总法律顾问、企业管理与法律事务部主任

祁学勇　国电电力发展股份有限公司综合管理部副主任

刘永峰　国电电力发展股份有限公司人力资源部副主任

马建信　国电电力发展股份有限公司专职董监事

杨春燕　国电电力发展股份有限公司企业管理与法律事务部高级主管

孙博格　国电电力发展股份有限公司综合管理部高级主管

袁祎昉　国电电力发展股份有限公司国际业务部副经理

张京艳　国电电力发展股份有限公司国际业务部高级主管

中共国家能源集团党校

周忠科　中共国家能源集团党校常务副校长

许　晖　中共国家能源集团党校副校长

孙　文　中共国家能源集团党校副校长

张忠友　中共国家能源集团党校党建研究部主任

郭水文　中共国家能源集团党校研究部高级研究员

国家能源集团技术经济研究院

孙宝东　国家能源集团技术经济研究院党委书记、董事长

王雪莲　国家能源集团技术经济研究院总经理、党委副书记

李俊彪　国家能源集团技术经济研究院党委委员、副总经理

毛亚林　国家能源集团技术经济研究院科研发展部主任

毕竞悦　国家能源集团技术经济研究院宏观政策研究部副主任

李　杨　国家能源集团技术经济研究院企业战略研究部高级主管

国家能源科技环保集团股份有限公司

陈冬青　科环集团党委书记、董事长

张晓东　科环集团党委委员、副总经理、工会主席

梁　超　科环集团朗新明公司党委书记、董事长

高权升　科环集团组织人事部（人力资源部）副主任

姜媛媛　科环集团科技管理部职员

栾　智　科环集团综合管理部（党委办公室）职员

中国神华煤制油化工有限公司

闫国春　中国神华煤制油化工有限公司党委书记、董事长

王淼森　中国神华煤制油化工有限公司工程管理部质量监督站站长

吴　江　中国神华煤制油化工有限公司企业管理与法律事务部副主任

曹伯楠　中国神华煤制油化工有限公司商务采购部副主任

李　艺　中国神华煤制油化工有限公司科技管理部副主任

国家能源集团物资有限公司

韩方运　国家能源集团物资有限公司一级业务总监

杨占兵　国家能源集团物资有限公司企业管理与法律事务部主任

张明惠　国家能源集团物资有限公司企业管理与法律事务部副主任

李　辉　国家能源集团物资有限公司组织人事部高级主管

严　蕊　国家能源集团物资有限公司企业管理与法律事务部职员

张兴华　国家能源集团物资有限公司企业管理与法律事务部职员